어떤 표정은 다시 지을 수 없습니다

Faded and Familiar

어떤 표정은 다시 지을 수 없습니다

Faded and Familiar

송동주 산문집

주제

당황한 표정, 태연한 표정, 또 무슨 표정을 그려볼까요? 그리고 지우길 반복하다가 나는 문득 깨닫습니다. 어떤 표정은 다시 지을 수 없다는 것을.

마지막에 얼굴이 있다면 아마 그런 표정을 짓고 있지 않을까요. 다시 지을 수 없는 그런 표정을.

Prologue

이처럼 저버렸거나 잊었다 여긴 당신의 마음들이 세상 어딘가의 사랑하는 이들 곁에 남아서 그들과 오래도록 삶을 누리고, 그 사람이 스스로 다해가는 것을 바라보고 있을지도 모를 일이라고.[1]

아직도 수많은 문장들이 글이 되지 못한 채 노트에 남아 있습니다. 글이 될 수 있던 문장과 글이 될 수 없던 문장. 그것을 가르는 기준은 무엇이었을까요. 몇 년동안 꾸준히 적어온 글들을 다시 정리하며 그 기준이 '그리움'은 아닐까 생각했습니다. 한 곳에 모인 글자들은 그리움의 힘으로 꾸준히 어떤 대상에 다가가고자 했던 것 같습니다. 그 대상이라는 것은 사람일 수도, 장소일 수도, 시절이나 물건이

1 장혜령, 사랑의 잔상들

될 수 있지만 그 모든 것들은 제가 한 때 사랑했거나, 지금도 사랑하고 있는 것이라는 공통점이 있지요.

    플라톤의 <향연> 중 아리스토파네스는 '사랑의 기원'에 대해 이렇게 이야기를 합니다. "두 짝의 등이 붙어 있고, 네 팔과 네 다리 그리고 두 얼굴. 이 기괴한 모습이 인간의 진짜 모습이었고 이런 무시무시한 인간의 잠재력에 불안을 느낀 신은 번갯불로 등짝을 갈라 놓는다. 이후 인간은 원래의 모습을 찾으려 영원한 여정을 떠나고 아직까지 우리는 잃어버린 등짝을 찾기 위해 사랑의 시행착오를 반복하고 있다." 나였지만 더이상 내가 아닌 것. 나의 일부였던 그것을 결국은 사랑하게 되는 그 이야기가 글을 정리하는 저의 마음과 비슷하다는 생각을 했습니다. 부를 수 없는 이름, 갈 수 없는 장소, 돌이킬 수 없는 시간. '더이상' 이라는 말이 붙어야만 할 것 같은 이 모든 것들을 저는 놓쳐버렸고 결국은 그것들을 더 사랑하게 되었다는 사실을 저는 인정할 수밖에 없습니다.

공평하게 흐르는 '시간' 안에서, 어떤 순간을 '간직'하거나 혹은 간직한 그것을 도로 떠올려내는 '기억'이라는 경험 앞에서 글을 읽는 모두가 사랑이 여기 있음을 느낄 수 있기를 바랍니다.

Context.

Prologue   9

유리병 편지   19
살아있는 순간들   23
바라보기   29
미 올리보   31
미래형의 동사들   39
눈동자   43
별은 춤추고 고래는 노래하고   45
캐치볼   48
두 개의 사랑   50
각별한 마음   52
손금이 말하고 있는 것   56
당신은 꿈을 꾸는지 모르겠지만   58
나 자신과 당신의 것   63
상상을 현실로   67
어떤 날   69
볼륨을 가장 높여서   77
어떤 표정은 다시 지을 수 없습니다.   80
눈을 감는 시간   84

처음 보는 얼굴	88
시제의 역할	90
바람에 실어	94
푸른 빛의 이랑과 고랑	98
지워진 음악	100
음소거	103
구름 아닌 구름 너머의 것	106
둘이서	108
과녁	112
진심 어린 말	115
세수	119
순간을 훔쳐 달아나	122
버티는 마음은 왜 숨길 수 없을까	125
멀리서 온 편지	128
여행의 기술	132
늦은 납작 복숭아	137
그것이 비록 환상이라고 해도	143
영혼은 조금 늦게 따라와	146
밤의 여행자	149
명백한 참	154

마음속으로 은근히 기쁘게	157
새 눈	161
봄을 그리다	164
샤워부스	172
몽상에 잠기는 일	175
시대착오적인 사랑	178
브로콜리 너마저	183
침대맡에 놓인 문장들	187
Epilogue	191

편한 자리에 앉아 자주 글자를 줍는다. 주운 글자들이 밖에서 안으로 나선을 그리며 노트 위에 자리를 잡는다. 그것들이 좁아지고 좁아지다 결국은 그 순간을 꽉 물고 놓아주지 않을 때, 그 때 비로소 마침표를 찍는다.

Oct, 2024
송동주

유리병 편지

　누군가의 서간체는 조금 더 집중해서 읽게 돼. 나의 경우, 듣는 귀를 생각하지 않고 쓰는 서간체는 쉬운 일이 아니거든. 이 글자들이 말을 걸고 있는 대상이 누구일지 생각하다가, 어느 순간 그 사람이 틀림없이 나인 양 빠져드는 거지. 나 또한 비슷한 이유로 글을 쓸 때 늘 어미를 고민해. 대체로 가장 먼저 꺼내어 드는 이 서간체로 몇 글자 끄적여보지만, 문장과 문장 사이로 나의 청자를 아는 이들이 자꾸 떠올라 이내 다시 지우곤 하지. 오늘도 그랬어. 결국 나는 다시 너에게 말을 걸고, 그 이유는 네가 몰랐으면 해서 아니, 네가 알았으면 해서. 우스운 역설이야. 가슴 아픈 일이지.

세상을 쪼개고 끓여서 결국 어떤 단어로 만들어낸다면 사람과 사랑일 것이라는 이야기를 들었어. 멋있는 말이라고 생각하다가, 맞는 말이라고 생각하다가 이윽고 궁금해진 거야. 두 단어 중 결국 한 가지의 단어만을 선택해야 한다면? 사람일까, 사랑일까? 네 생각은 어때?

　　좋아하는 예능에 그런 게임이 있었어. 주어진 초성을 보고 동시에 같은 단어를 외쳐야 통과하는 그런 게임. 'ㅅㄹ'이라는 익숙한 초성이 등장했는데 두 예능인이 동시에 '사람'이라고 외쳐 결국 저녁을 무사히 먹을 수 있었지. "동시에 사랑이라고 외쳤으면 얼마나 멋졌을까?" 패널 중 한 명이 이런 이야기를 했어. 하지만 나는 내 생각과 달랐던 그들의 '사람'이 멋있었어. 지금의 내 세상을 뭉근하게 끓여 채에 거르면 그 위에는 '사랑'이 있을 테지만, 먼 훗날에 남아있는 것은 '사람'이었으면 좋겠다고 생각했어. 사람의 'ㅁ'이 닳고 닳아 사랑의 'ㅇ'이 된다는 말, 들어본 적 있어? 나는 조금 다르게 생각했어. 사랑의 'ㅇ'이 넓어지고 단단해지다 결국은 사람의 'ㅁ'이 되었으면 한다고. 언젠가는 꼭 지구를 감쌀

만큼 커다란 사각형으로 나의 'ㅁ'을 완성하고 싶다고. 그렇게 생각하니 글자가 참 신기한 거 있지? 비슷한 범주의 가치들이 비슷한 글자로 묶여 있는 듯했어. 글자를 배울 때는 몰랐는데, 글자를 활용하며 깨닫게 되는 그런 공통점들. 사람과 사랑, 기억과 추억, 약속과 구속…. 인간의 이야기를 담은 인간의 단어. 그런 단어의 사정을 아는 이들이 비슷한 글자를 엮어 시를 짓고 노래를 부르는 거야. 나란히 배치된 비슷한 듯 다른 글자들, 다른 듯 비슷한 글자들. 각자의 사정으로 한 곳에 엮여 있는 글자들의 이야기에 귀를 기울이던 우리는, 글자의 사정에서 나의 사정으로, 나의 사정에서 우리의 사정으로. 넓어지고, 깊어지고, 그렇게 고개를 끄덕이는 거지. 눈도 귀도 아닌 다른 차원의 기관으로, 알 것 같지만, 알 수 없는 그런 사정들을 아는 척하면서.

나는 그런 생각을 하며 빈 종이 위에 내 이름과 네 이름을 나란히 적어. 이름이면 충분해. 그리곤 상상해. 두 이름을 읽는 누군가를.

이름 속에 갇혀 있는 이야기와 그 위에 쌓여 있는 뿌연 먼지들. 후, 하고 먼지를 터는 누군가의 입술을, 주인 없는 편지를 몰래 읽는 게슴츠레한 누군가의 눈빛을, 나는 기다리고 있어. 유리병 속 돌돌 말린 편지처럼. 기약은 없지만 썩지도 않는 그곳에 서서, 숨죽여 기다리고 있어. 고개를 끄덕일 이를.

살아있는 순간들

문득 떠오른 기억에 새삼 깨달을 때가 있다. 스쳐 간 수많은 시간 중 결국 이 순간이 남아있구나, 하는 깨달음. 나는 오늘 서울로 가는 버스의 맨 뒤 좌석에 앉아 그것과 비슷한 부류의 새로운 깨달음을 만났다. 지금이 어떤 형식으로든 내게 남겨지고 말 것이라는 것을. 예언처럼 찾아온 이 순간을 맞이할 때면 평소보다 더 면밀히 지금을 남기려 노력한다.

이틀 간의 여행을 마치고 버스에 올라탔다. 우리가 버스에 타자마자 비가 오기 시작했고, 날씨가 추워진 만큼 해가 지는 속도는 순식간이었다. 밤이 바삐 길어질 준비를 하고 있었다. 차에 오른 것은 오후 5시쯤이었는데 고속도로를 타기도 전에 밖은 깜깜해졌고, 빗방울은 버스의 속도를 이기지 못하고 알알이 흩어져 창문에 빗금을 쳤다. 날이 조금만, 조금만 더 추워서 지금 내리는 것이 비가 아니라 눈이라면 좋을 텐데. 이렇게 올해의 첫눈을 만났다면 참 꿈 같았을 텐데.

　내 방 침대는 잠이 무척 잘 온다. 본가에 내려만 가면 그동안 부족했던 잠이 한 번에 몰려오나보다. 조각난 몇 개의 수면 시간 동안 이상한 꿈을 꾸기도 했다. 꿈에서 그는 새로운 올리브 나무를 데려왔다. 가지가 근사하게 정리된 멋진 나무를 보여주곤 이름을 지어달라며 나를 채근했다. 피읖으로 시작하는 이국적인 이름을 지어달라는 말을 거듭할 때마다 나는 점점 더 속상해졌다. 집에 원래 있던 올리브 나무가 생각나서였다.
　"집에 있는 올리브 나무는? 그 나무는 버리는 거야? 못생겨서 결국 버리는 거야?" 눈물은 보이기 싫었는데 자꾸 눈물이 고였다. 축축해진 베갯잇 위에서 나는 그렇게 눈을 떴다. 찝찝한 기상이었다. 설익은 잠을 보상받고 싶어서, 집에 있던 그 못생긴 올리브 나무의 거취에 대한 답을 듣지 못해서, 그래서 다시 잠을 청했지만 같은 꿈을 다시 꿀 순 없었다. 그렇게 길고 짧은 잠들을 잘 쌓아 온 덕분인지, 버스만 타면 눈꺼풀이 무거워지는 나답지 않게 눈에 총기가 넘쳤다. 맨 뒷자리는 바퀴의 움직임이 그대로 엉덩이에 느껴지는 불편함이 있지만, 가장 높은 곳에 앉아 전체를 내려다보는 느낌이 좋다. 문득, 인간이 높은 곳에서 낮은 곳으로 내려다보는 전망을 가장 좋아하는 이유는 안전의 욕구 때문이라는 말이 생각났다.

그와 고속버스 안, 맨 뒷자리에 함께 앉아 있을 때 나는 깨달았다. 어떤 식으로든 지금을 기억할 거라고. 순간을 남기기 위해 셔터를 누르는 카메라처럼 나는 이 순간을 제대로 간직하기 위해 눈을 감았다. 덜컹거리는 좌석과 비어 있던 몇 개의 자리들, 음소거된 주말 예능이 재생되고 있는 텔레비전, 자동차의 후미등으로 붉게 물드는 창가의 빗방울들…. 보이지 않는 것들로 보이는 것들을 그렸다.

옆에 앉은 그 또한 잊지 않고 그렸다. 더 자세히, 그건 더 자세히 그려두고 싶어서 그를 향해 손을 뻗었다. 고개를 돌려 그를 바라보았다.

늘 그렇듯 촉박하게 준비를 마치고 터미널까지 달려온 탓에 조금은 젖어있던 머리, 트레비앙이 적혀 있던 흰 티셔츠, 크고 두터운 손과 구불구불한 산길이 생각나는 귓바퀴. 그는 허리가 없는 사람처럼 의자 위에 널브러져 있었다. 안경다리에 눈이 가려져서 잠든 줄 알았는데, 인기척을 느낀 그는 고개를 돌려 나를 보았다. 뭔가 마음에 들지 않아 잔뜩 골이 난 아이 같은 표정으로. 그는 영문도 모른 채 왜 웃냐며 자꾸 물었지만, 나는 끝까지 이유를 알려주지 않았다. 얼굴만 가리고서 자기를 찾아보라고 말하는 어린아이들의 숨바꼭질처럼 내가 느끼는 사랑의 한순간을 숨겨두어도 그가 발견해 주었으면 좋겠다고 생각하지만, 오늘은 혼자만 알고 있어도 좋았다. 그가 몰라도 상관없었다. 나는 계속 혼자만 아는 이유로 웃어댔고, 그는 그런 나를 보며 더 이상 이유는 묻지 않은 채 같이 웃었다. 우리는 그렇게 계속 웃었다. 이유는 사라졌다.

소리 없이 재생되는 주말 예능의 한 코너가 버

스 한가운데에 설치된 텔레비전에서 방영되고 있었다. 둘 다 예능에는 별 흥미가 없어서 노래를 듣기로 했다. 에어팟을 나눠 끼고 노래를 틀었다. 서로에게 가까운 쪽의 귀는 당연한 듯 서로를 위해 남겨두었다. 빛과 소금, 술탄, 검정치마…. 많은 목소리가 지나가고 이소라의 <Track 3>이 재생되고 있었다. 그의 핸드폰과 이어폰은 서로 출신이 달라 사이가 좋지 못한 편이라서 종종 틱- 하고 오류가 생겨 감상을 방해하곤 했는데 오늘도 마찬가지였다. 손가락을 움직이고 발목을 까딱거리며 열심히 듣고 있던 중 노래가 갑자기 끊겨버렸다. 웃겼다. 한참 신나게 풍선을 불고 있다가 실수로 풍선 주둥이를 놓쳐버린 것처럼. 피슉. 바람이 빠졌다. 우스운 꼴이다. 배꼽 빠지는 비급 영화에 나올 것만 같은 그런 우스움. 위풍당당 행진곡이 나오면서 모든 악당의 머리가 오색빛깔로 터져버리는 그런 의도된 이완의 순간 같은 거.

    코끝이 시큰할 만큼 추운 공기에 이따금 내가 살아있다는 것을 느끼는 것처럼, 그런 순간 유독 우리의 사랑이 '빤짝'인다. 부족해서 인간적인 순간들. 그런 결핍된 것들이 내게 다가와 속삭이곤 하는 것이다. '꿈이 아니야.' 기억할 수밖에 없던 오늘의 순간들. 영원히 살아있을 순간들.

바라보기

뙤약볕에 앉아서 개미를 구경한 적이 있어. 이글거리는 태양 빛을 등에 이고 기어가던 수많은 개미 떼. 나는 하릴없이 모래밭에 앉아 그것들을 그저 지켜만 보았지. 어디로 갈까, 뭐 하러 가나, 그런 궁금함도 없이 텅 빈 눈으로 그것들을 내내 지켜만 보고 있었어. 바삭해지는 피부, 두 뺨이 익어가는 줄도 모르고 나는 그 움직임에 완전히 빠져있었는데, 어느 순간 개미들의 발걸음 소리가, 아주 작은 그 소리가, 두 행성이 부딪히는 것처럼 커다랗게 들렸어. 그리고 그 움직임 옆에서 아주 평화로웠던 기억이 나. 쪼그려 앉아 한참을 지켜본 탓에 저려오던 오른쪽 종아리 같은 기억. 나는 그런 기억을 가지고 있어. 어떤 궁금함도 없이 그저 잠든 너를 지켜만 보는 지금이 그때와 비슷해서, 나는 이곳에 앉아 점점 더 얇아지는 시간만 바라보고 있어. 느려지는 숨소리는 점점 더 귓바퀴와 가까운 곳으로. 또다시 오른쪽 다리는 저려오고….

 아주 평화로운 시간. 사탕을 녹여 먹는 마음으로 이렇게 너를 바라만 보고 있어.

미 올리보

요즘 읽고 있는 <A가 X에게>라는 책은, 감옥에 갇혀 만날 수 없는 사랑하는 사람을 생각하며 적은 편지들이 묶여 있는 소설이야. 그것이 실재하는 편지인지, 그렇지 않은지 작가는 독자들의 몫으로 남기겠다고 서문에 남겼지만, 글을 읽다 보면 알 수 있어. 그것의 실제 여부는 책을 펼치는 순간 더 이상 중요하지 않다는 것을.

편지의 시작은 늘 새로웠어. 누구에게, 라는 말처럼 형식적으로 시작하지 않거든. 나의 사자, 나의 비행기, 나의 사랑, 나의….

삶에 존재하는 많은 이름들로 상대를 부르는 편지 속 모든 첫 구절을 읽으며 단어 자체가 가진 사랑스러움을 발견하다가, 세상의 모든 이름으로 부를 수 있는 연인의 존재에 대해 놀라워하다가, 그런 대상을 기약 없이 기다려야만 한다는 사실에 슬퍼하다가, 나는 결국 빈방에 앉아 너를 불렀지. 미 올리보. 나의 올리브.

여행의 가장 큰 매력은 무엇이라고 생각해? 나는 여행을 할 때면 늘 현재와 다른 삶을 꿈꾸게 돼. 나이를 먹으며 '다른 삶'이라는 범주가 현실의 한계와 닮아가는 듯하지만, 주먹을 꽉 쥐고 과감해져 보는 거지. 눈을 감고도 똑같이 살아낼 수 있는 이 반복된 일상에서 벗어난 '다른 삶'.

상상해 봐. 너는 그 삶에서 뭘 하고 있어?

귀국 날이 점점 더 가까워지면서 나는 엄마와 마주 앉아 서로 상상한 다른 삶에 대해 아주 자연스럽게 이야기하게 되었는데, 그중 기억나는 하나는 문신에 관한 이야기야. 서로 기억에 남는 타투에 대해 이야기하며 엄마도 나도 언젠가 몸에 타투 하나쯤은 새겨보자고 했어. 엄마는 아주 치명적인 문신을 하고 싶다며 장난 반 진담 반 웃으며 말했고, 나는 하게 된다면 멋진 올리브 나무를 몸에 새기고 싶다고 했지. 바람에 흔들리는 멋진 수형을 가진 올리브 나무. 서로가 서로의 타투에 대해 들으며 장난처럼 웃어댔지만 나는 진심이었어. 나는 올리브 나무를 남기고 싶어.

그런 나무를 네게 전해. 골목이 아름답던 어떤 섬을 헤맬 때 걸음과 걸음 사이에 멈춤을 선물하던 풍경 앞에서, 운명처럼 만났던 이 올리브 나무를 네게 전해. 나에겐 네가 산이기도 했고 바다이기도 했지만, 지금은 완전한 한 그루의 나무야. 언젠가는 또 다른 무엇으로 변한 너를 만날 수도 있겠지만 말이야.

사실 넌 내게 무엇이든 될 수 있어. 나는 나무 같은 오늘의 네가 참 좋아. 깊은 바다나 울창한 숲의 모습을 가진 너를 볼 때면 나도 덩달아 깊어지고 울창해지는 기분이 들기도 했지만, 종종 내가 몰랐던 너를 만날 때면 순식간에 겁을 먹고 헤매기 일쑤였거든. 그래서 나는 네가 내 옆에 나무로 있어 주는 지금 행복해. 길을 잃을 걱정 없이, 섬을 여행하던 걸음걸이처럼 네 주변을 한 발씩 걷고 있다는 사실

이 좋아. 나는 나무 밑을 돌고, 돌고, 돌고, 너는 가지를 치며 옆으로 자라고, 자라고, 자라고. 우리의 원은 점점 더 커지고, 커지고, 커지고.

점점 더 넓어지는 나선형의 이야기. 어때, 마음에 들어?

미래형의 동사들

안녕. 금방 답을 해야겠다고 다짐했는데, 이렇게 늦은 답장을 하게 되었네. 우리 주고받았던 이야기와는 다른 주제이지만 오늘은 글을 써야만 하겠다고 생각했어. 깨어 있을 때 전하기엔 조금 쑥스러운 마음이라서, 오늘은 네가 어서 잠에 들기를 바라고 있어.

영화를 보려고 위치를 바꿔놓은 침대는 아직 그대로야. 빔 프로젝터를 사용하기 위해 꽂아둔 플러그 탓에 무드등은 켜지 못했어. 그래도 포기할 수 없는 어떤 컴컴한 종류의 분위기는 현관에 달려있는 작은 등으로 대신했지. 침대는 책상에 바짝 붙이고, 베개 두 개와 의자에 놓여있던 인형을 포개어 둔 채 그 위에 기대어 앉아 있어. 탁자는 침대 옆에 놓아두었는데, 그 위에는 하루 동안 나를 즐겁게 해 줄 여러 가지를 올려 놓았어. 장르가 다른 책 몇 권과 필기도구, 과일을 담은 작은 접시와 물잔. 구겨진 휴지와 핸드폰. 아, 스피커에서는 스팅의 노래가 나오고 있어.

영화를 보려고 온갖 살림살이를 방 한쪽에 몰아두었지만, 도저히 집중되지 않아서 결국 빔을 꺼 버리고야 말았어. 내 방에서 가장 커다란 벽이 눈앞에 횡하니 펼쳐져 있고, 평소 같았으면 빈 벽이 쓸쓸해 보였을 텐데 오늘은 그렇지 않았어. 꼭 흰 종이 같다는 생각과 함께 뭔가를 써야겠다고 다짐하게 된 거지. 너를 향한 문장들을.

먼저 떠오른 기억은 일기를 쓰던 시간들. 지금은 아니지만 작년까진 꽤 꾸준히 일기를 썼어. 일상을 적는다는 일기의 의미보다는 일기를 쓰는 행위 자체가 내게 필요했던 것 같아. 하루를 돌아보며 온전히 나에게 집중하는 시간이 절실하던 때가 있었지. 하루 종일 문제와 답이 놓여 있던 책상을 정리하고, 정답이 없는 어떤 생각과 기분들을 깨끗한 곳에

단정히 올려두는 시간. 사회생활을 시작하면서 점점 멀어지다 결국 잊혀진 그 시간.

    커다란 벽 앞에서 나는 잊고 있던 노트가 생각났어. 민망해서 치워뒀던 지난 새벽들을 오늘은 왠지 마주할 수 있을 것 같았어. 할 수 있을 것 같았다는 말보다 궁금해졌다는 말이 더 정확하겠다. 차곡차곡 적은 나의 문장들을 꼭 남의 것인 듯 조심스레 읽었지. 그렇게 살펴본 여섯 줄로 정리된 지난 하루들은 대개 한 가지 주제로 모아졌는데, 넓게 말하자면 관계 좁게 말하자면 사랑이었어(넓고 좁음을 반대로 말해도 어색하지 않지만). 하루의 끝에 서서 내가 늘 남겨 두고 싶던 그날의 요점은 대부분 주고받았던 마음이었나 봐. 꼭 사랑을 잘 아는 사람인 것처럼 글을 적긴 했지만, 사실 너도 알잖아, 그때나 지금이나 나는 사랑을 잘 모른다는 걸.

    그렇게 더듬거리며 적어 보는 오늘의 사랑(또는 그와 유사한 무엇). 손이 움직인다.

우리가 처음을 약속하던 그날 시작된 하나의 선은 여전히 허공을 향해 나아가고 있다. 어수룩한 선이 때로는 동물 같다가, 때로는 식물 같다가, 때로는 약속된 기호 같다가, 그 무엇도 아닌 것 같다가. 사실 모든 것이라는 걸 깨닫기도 한다. 나는 네게 맹세한다. 미래형의 동사들. 용감해질게. 조심해 볼게. 참아볼게. 집중할게. 곁에 있을게. 분명한 것은 단 하나도 없지만, 그래서 떨리는 서로의 걸음을 서로가 물끄러미. 바라보며. 바라보며. 맞닿은 눈빛의 외침. 알아주자. 아껴주자. 오늘의 사랑이 내일도 여전할 지 우리는 여전히 알 수 없지만. 그래도. 그럼에도 불구하고. 오늘은 오늘에 최선을 다하며. 그렇게. 그렇게.

말할 수 있어서 기쁜 오늘. 어떤 문장은 입 밖으로 꺼낼 때 가장 온전해지나 봐. 자고 있어? 일기장 한 페이지를 찢어 꿈속으로 보내는 오늘의 편지 한 장.

눈동자

　말할 수 없는 것을 오랫동안 입안에서 굴려봅니다. 잘근잘근 씹은 자음과 모음이 낱낱이 뒤섞여 만들어진 회오리는 자꾸만 혀 밑을 간지럽힙니다. 그것을 꾹 참기 위해 입술을 살짝 오므렸습니다, 꽃잎처럼. 말할 수 없던 것을 온 힘을 다해 목구멍으로 밀어내곤, 혹시라도 남아있는 낱말은 없는지 오물쪼물 입안을 살핀 후에야 입술을 뗄 수 있었습니다.

　본 적 없는 것을 기억하는 눈은 내가 삼켜낸 그것들을 담고 있습니다. 맑은 하늘이 담긴 눈동자에는 삼켜낸 후회가, 올라간 입꼬리가 담긴 눈동자에는 삼켜낸 충동이, 정돈되지 않은 의지가 담긴 눈동자에는 삼켜낸 서운함이 온전히 고여 있습니다. 감각이 무서운 이유예요. 만질 수도, 볼 수도, 알 수도 없는 것들을 가장 잘 기억하는 기관은 머리가 아닌 눈일지도 모른다고 생각했습니다.

　　적어낸 글이 무엇을 말하고 싶은지 나로서도 알기 힘들지만, 장담할 수 있습니다. 눈은 알고 있을 거예요. 우리 눈을 맞대고 있다면 당신도 알 수 있겠지요. 활자가 가득한 내 눈동자에 무엇이 고여있는지, 두서없는 말끝에 어떤 마음이 숨어 있는지 말입니다. 글이 끝나면 분명해지겠죠. 바람이 멈춰야 비로소 선명해지는 호수의 반영처럼, 입을 굳게 닫은 내 모습이 담긴 당신의 눈동자에는 무엇이 함께 일렁이게 될까요? 나는 다만 그것이 궁금할 따름입니다.

별은 춤추고 고래는 노래하고

    빈 거리. 달리는 차마저도 흘깃, 눈치 보며 살며시 지나가는 이 거리를 우리는 두 손을 꼭 맞잡고 걸어간다. 나는 이 순간을 차마 잊지 못할 것 같았다.

    며칠 전 들춰 본 책의 한 장면이 떠올랐다. 어떤 형식으로든 지금을 기억하고 싶어서 결국 입을 맞추었다는 한 인물의 이야기가. 울긋불긋해진 나뭇잎 아래 서서 가을이 얼만큼 왔는지를 가늠해 보다가 이윽고 너와 내가 마주했다. 그런 네가 내쉬는 한 톨의 숨마저 놓치고 싶지 않아서 나는 몸을 잔뜩 움츠리고 가만히, 정말 가만히 있었다. 단풍보다 붉어진 내 눈을 보며 너는 내게 "무슨 생각해?" 물었다. "아무것도 아니야." 괜히 아닌 척 맥 빠진 대답을 했다. 기억을 위한 매개체 없이 지금을 기억하고자 하는 노력. 오롯이 지금 이 순간을 매개체이자 기억 그 자체로 담아두려는 욕심이 들킬까 하는 걱정 때문이었다.

    부풀어진 이 기억이 낮은음의 노래처럼 묵직하게 퍼지다 이윽고 가장 깊은 곳까지 적셨다. 물먹은 솜처럼 순식간에 맞잡은 두 손이 애틋해지고, 마주한 우리가 신기하게 느껴졌다. 햇살에 물든 나뭇잎이 우리 같고, 너와 나뿐인 이 거리가 우리 같고, 조금 더 선선해진 바람이 우리 같고. 시시콜콜한 대화 그 자체가, 골목을 비추는 가로등이, 그렇게 세상이 온통 우리 같았다. 웃고 있는 네 표정을 닮아가는 나의 표정. 그것이 태초의 우리 표정인 것처럼. 그것이 아닌 다른 표정은 전혀 모른다는 듯이, 너와 나는 웃었다.

    별은 춤으로 말하고, 고래는 노래로 말하고. 멈춘 듯한 시간 속에서 적막이 입을 벌리고 우리를 집어삼키려 할 때, 감각 이상의 무엇으로 우리는 말했다. 끊김이 없었다. 고집과 훈기가 뒤섞인 그 눈가를 바라보며 상대의 눈썹을 세는 것이 사랑일지도 모른다는 말을 떠올렸다. 차가운 척 애를 써도 결코 사라지지 않던 네 눈꼬리의 따뜻함을 사랑한다 말하는 대신, 너는 착한 눈을 가졌다고 에둘러 말했다. 고요에 기가 죽어 소리도 차마 지르지 못하고 애꿎은 걸음만 휘청이곤 했는데, 그런 나를 너는 아는지 모르는지. 지금 내가 느끼고 있는 것을 너도 느끼고 있기는 한 건지. 꿈이라도 좋을 텐데. 눈을 떠도 느껴지는 여전한 고요에, 여전한 손과 여전한 숨소리에, 순간을 영원이라 믿은 채 얼굴을 구기며 자주 웃던 밤. 그런 밤이 있었다.

캐치볼

    오후 두 시쯤 늘어지게 점심을 먹고 공원으로 향하는 거야. 네가 좋아하려고 노력하는 탄산수 한 병을 챙기고 현관을 나서지. 배는 무겁고 빛은 쏟아지고, 모든 뒷모습이 하루 중 가장 길어지는 그 시간, 우리는 그만 길어지자 다짐하고 벤치에서 일어났지. 조금 걸을까. 이런 다정한 어투는 여전히 나보다는 네게 더 잘 어울리고. 그렇게 우리가 벤치와 몇 발자국 멀어졌을 때 난데없는 공 하나가 우리의 발밑으로 굴러온 거야. 나는 그 공을 손 위에서 굴려보며 더 재미난 건 없을까 너를 쳐다보고, 너는 아주 아주 환하게 웃으며 내게 말하지. 던져봐, 내가 잡을게. 캐치볼 알아? 그렇게 공을 던지고 받는 그 캐치볼이 우리의 사랑과 닮아 있다고 생각했어. 상대가 잡지 못하게가 아닌, 잡을 수 있게 던지는 공놀이.

적은 없고 동료뿐인 착한 공놀이. 마음껏 공을 던질 수 있을 정도의 거리를 두고 힘차게 공을 던지는 거야. 네가 잡을 수 있게. 잡지 못해 뒹구르르 다시 돌아온 공을 보면, 서로가 서로에게 미안해하며 다시 또 한 번. 한 번 더 잡아달라고 외치며 날아가는 그 공. 그것을 사랑이라 불러도 좋을 거라 여기며, 아니, 사랑이 분명하다고 여기며 오늘의 상상을 끝냈어.

두 개의 사랑

 사랑에 대해 다시 생각해 보게 된 계기가 있었다. 나는 많은 시간 사랑이라는 것에 대해 고민해 왔지만 결국 내가 느낀 것은 포기에 가까운 것이었다. 살아가면서 내가 사랑이라는 것에 대해 객관적으로 이해할 수 있는 일은 불가능에 가깝겠구나, 하는(물론 그것이 지극히 주관적인 감정이라지만, 여기서는 그 모든 것을 아우르는 일반적인 측면에서의 객관성을 말한다). 그런 생각을 가지며 살아가다가 어떤 이의 용감한 고백을 들었다. 그리곤 좋아하는 소설 속 한 문장이 떠올랐다. 세상에 100명의 사람이 있다면 사랑도 100가지의 모양을 가지고 있다는. 그 문장을 처음 읽었을 때는 사람이 100명이 있다면 사랑의 모양은 50가지 아닌가, 하는 의문을 가졌었다. 둘이서 하나의 사랑을 완성한다고 생각했으니까.

　이제는 완전히 이해한다. 100명의 사람과 100가지의 사랑. 둘이 하는 사랑이라지만 내가 하는 사랑과 상대가 하고 있는 사랑은 같은 모습이 아니다. 우리의 사랑에는 네가 알고 있는 나의 마음, 너는 모르는 나의 마음, 나는 모르는 너의 마음과 나도 알고 있는 너의 마음까지. 그 모든 것이 있다. 그렇게 호기심의 영역 안에서 우리는 우리로 여전할 수 있다. 내가 모르는 너의 일부를 인정하면서, 그것에 대해 꾸준히 궁금해하면서, 그렇게 두터워지는 각자의 사랑들.

　…이지 않을까. 자신 없는 어미를 숨겨둔 문장 끝에서 만난 단 하나의 확실함. 아무리 생각해도 알 수 없는 것이 사랑일지라도, 나는 아마 평생 그것에 대해 고민하며 살아가겠구나 하는 생각. 분명했다. 나쁘지 않았다.

각별한 마음

    오늘 밤 나는 또 너를 찾고 말아. 유독 길어진 달을 보면서 네 생각을 피할 수 없었어. 작고 가느다란 네 속눈썹이 떠오른 거야. 얇고 여린 그것으로 거침없이 만들어 낸 너의 모습. 그 초승달 밑으로 감았다, 떴다 하는 네 눈과 그 고요한 눈동자에 비친 나의 눈을 보고 있을 때면, '맞다. 나는 최초의 너의 것.'하고는 벗겨진 나와 대면했지. 강단 있는 네 코와 그 밑으로 이어진 붉고 도톰한 입술. 나는 그 입술 사이로 흘러나오는 너의 모든 소리를 사랑했어. 몇 가지의 옥타브 사이에서 넘실대는 네 기분을 체크하고 감정을 헤아리는 일들은 네가 나일 수밖에 없는 몇몇 순간 중 하나일 거야. 달아오른 네 두 뺨과 함께 비슷한 채도로 붉어진 네 두 귀가 떠오르고, 나의 눈은 나선형으로 점점 더 깊어지는 네 귓바퀴를 따라 함께 굴러가고 있지. 유난히 동그랗고 깊은 네 귀라서 그랬을까. 그래서 나의 말이라면 단 하나도 허투루 듣는 법이 없었을까. 네가 기억하는 부스러기의 부스러기의 부스러기의 우리들.

얼마 전 함께 커피를 마시던 친구의 이야기를 듣고 놀랐던 적이 있어. 책을 읽다 미니멀리즘을 실천하기로 다짐했고, 집에 있던 물건들을 하나씩 정리하면서 지금까지 모아둔 편지들도 함께 버렸다는 이야기였어. 아깝지는 않았는지, 아쉽지는 않을 것 같은지와 같은 걱정들에 친구는 이렇게 대답했어. 편지를 펼쳐보기 전까지는 자기도 버릴 생각을 못 했었대. 지난 시간에 잠겨 편지를 펼쳐보았는데, 관리를 제대로 못 한 탓에 종이가 삭아 의미조차 알아볼 수 없는 문장들이 적혀있었대. 그때 느꼈대. 이렇게 종이가 상해버릴 때까지 다시 펼쳐보지 않았던 편지라면, 그렇다면 버려도 괜찮지 않을까 하는 생각이 들었다고. 편지를 버리곤 되려 마음이 가벼워졌다고 말했어.

테이블에 모여 앉아 친구의 이야기를 들으며, 고개를 끄덕이며 옷장 속 숨겨진 나의 편지들을 생각했어. 받은 편지, 보내고 돌려받은 편지, 차마 보내지 못한 편지…. 가까운 누군가, 소중했던 누군가 그리고 잊혀진 나의 지난날들. 어둠 속에서 읽혀질 한순간을 기다리며 웅크려 앉아 있는 그 글자들. 오랜만에 찾아온 손길을 한 톨의 원망도 없이 그저 환한 얼굴로 맞이할 그 편지들. 기억과 관련된 물건들은 그것을 찾는 빈도가 아니라 찾는 마음 그 자체에 의미가 있는 법이잖아. 자주 꺼내봐서 필요한 것이 아니라 차마 읽기 어려운 문장들이, 그런 문장이라서 가져다줄 수 있는 마음이 있는 법이잖아. 그래서 나는 오늘 밤, 길어진 모양의 달을 탓하며 너를 꺼내 들어. 바삭바삭해진 마음의 실금 사이로 곧 어둠이 들이닥칠 것 같은 불안함 속에서, 못마땅한 표정과 원망 섞인 목소리를 물리칠 한 자루의 초를 켜야만 했던 거지. 두근두근. 조용한 방 안에 울려 퍼지는 그 소리와 함께 떠오르는 맑은 눈동자, 익숙해지지 않는 귓바퀴, 손가락 사이로 보이는 어깨 위의 작은 점 같은 것들이 덩달아 일렁이고….

나는 그것들로써 빈틈없이 존재한다는 생각. 충분하다는 생각. 켜켜이 쌓인 편지 더미 위에 놓일 오늘의 각별한 마음.

손금이 말하고 있는 것들

　손금을 읽으며 아침에 한 생각. 어떤 시집에 수록된 작가의 말에는 손금을 읽다 길을 잃은 한 사내가 등장한다. 그 뒤의 다른 시들은 아직도 읽지 못했지만, 더 읽지 않아도 괜찮다. 충분하다.
　"손바닥을 쫙 펴봐."
　"이렇게?"
　"이 손금이 언제 만들어지는지 알고 있어?"
　"언제 만들어지는데?"
　"엄마 뱃속에서 가장 처음으로 주먹을 쥘 때. 그때 생기는 거래."
　우리가 의도치 않게 오므린 손바닥으로 아무 영문도 모르고 잡아 당겨진 어떤 운명. 주먹이 자라는 것처럼 몸을 불리는 그 운명. 그건 변하는 걸까 변하지 않는 걸까. 믿거나 말거나. 하지만 믿고 싶은 이야기. 나는 이런 이야기들을 많이 알고 있지. 비비디 바비디 부. 믿는 대로 모든 게 이루어진다지만, 너도 알지? 그렇지 않다는 거. 그러나 비비디 바비디 부. 속는 듯 살다 보면 얻을 수 있는 것들도 있잖아. 그러니까 맞춰봐. 네가 처음으로 움켜쥔 그 운명이라는 것이 무엇인지. 주문을 외는 네 목소리는 어떤 소원의 눈을 가리고 있는지. 뱃속에 있던 꼭 쥔 두 주먹은 정답을 알고 있을까. 그런 생각을 하며 다시 한번 더. 손바닥을 쫙 펴봐.

 이렇게 알고 싶지만 알 수 없고 믿을 수 없지만 믿고 싶은 이야기들은 다시 시작된다. 손금 속에서 길을 잃은 이야기들. 반복되는 믿고 싶은 이야기들. 네 몫이다가 다시 내 몫이 되는 끝이 없는 이야기. 그렇게 계속해서 연장되는 오늘의 아침.

당신은 꿈을 꾸는지 모르겠지만

　힘들 때, 정말 힘들어서 가슴 밑바닥까지 파고들어가 아래의 더 아래를 보고야 말 때. 더 이상 밖으로 표현하지 않고는 참기 힘든 우울이 너를 덮칠 때, 나의 목소리 하나로 네 모든 벽이 사라진다는 말이 내게는 너무 소중했어. 나눠 마신 술, 들려준 마음에 취해서 멍청하게도 나에게도 네가 그런 존재라는 사실을 전하지 못했지. 나는 말이야 집채만 한 우울이 덮칠 때면 그보다 더 커다란 그리움이 나를 구해.

　맞아, 그 그리움의 대상은 언제나 너였어. 내가 너를 구하는 것과는 조금 다른 양상으로 너는 나를 구하곤 하는데, 별거 아닌 나의 이야기가 너를 구하는 것과 달리, 몰락의 순간 네 입에서 나오는 이야기들을 나에겐 별거 아닌 것들이 아니야. 정확한 공감과 위로가, 내 쪽으로 바짝 기울인 너의 귀와 그것이 증명하는 너의 마음이, 그렇게 입술 밖으로 터져 나오는 몇 마디가 결국 나를 살리곤 해. 온전히 내 편에 서서. 내가 있는 곳이 망망대해일지라도 어느 때는 튜브처럼, 또 어느 때는 커다란 범선처럼 나타나 나를 구해.

별거 아닌 말들이 의외의 순간 나를 구하기도 해. 원인을 알 수 없는 괴로움이나 형체 없는 우울에 아파할 때. 바다에 빠졌다기보다 조금씩 지속적으로 떨어지는 물방울에 서서히 서서히…. 젖는 줄도 모를 때. 그럴 때마저도 너는 귀신같이 나타나 나를 건져내고 완벽히 말려주기도 하는데 오늘이 바로 그런 날 중 하나였어. 시시콜콜한 몇 마디가 진심 어린 고백으로 이어지고, 그 고백이 결국 겪고 있는 문제의 원인을 알려주던 오늘 밤. 너와의 대화를 다시 곱씹어. 사계절이 제철인 과일처럼 너와의 대화는 시간, 장소, 날씨와는 상관없이 매번 유익하다는 점을 깨닫지. 맞아. 두 말 필요 없이 너는 나의 유일한 그리고 유능한 구원자야.

그런 의미에서 너도 나를 힘껏 불러주었으면 해. 우리가 오랜 시간 동안 반짝이는 데에는 말로 표현할 수 없는 여러 가지의 힘들이 다양한 양상으로 작용하고 있겠지만, 그중에 제일은 서로가 서로를 부르고 또 그것에 응답하는 힘이라고 생각해. 그러니 좋을 때, 좋지 못할 때 그리고 그 사이 어느 때라도 나를 찾아줘. 나는 언제든 너를 향해 있고, 정말 작은 신호도 놓치지 않을 자신도 있고, 네게 들릴 만큼 커다란 목소리의 대답도 있으니까. 네게 이야기했던 것처럼, 네가 해오고 내가 해낸 것과는 상관없이 나는 항상 더 노력하고 싶으니까. 삶에 지쳐 한 줌의 목소리도 나오지 않을 때, 그런 나의 노력을 생각해 줘. 나를 불러줘. 너라는 이유로, 반 줌의 목소리에도 나는 네게 달려갈 테니까. 준비되어 있으니까.

결국 내게 제일은 너야. 흐르는 시간 속에서 너와 나누는 소통의 방식이 점차 다양해지고 있다는 생각을 해. 입으로 전하는 이야기에서 눈빛으로 전하는 이야기. 그리고 존재 자체로 전하는 이야기까지. 네게 배우고 있는 것이 점차 많아지고 있고 나는 그 사실이 행복해. 보낸 적 없지만 사라져 버린 나의 투명함 속에서도, 너를 대하는 투명함만큼은 묵묵히 그 자리에 있다는 것. 그러니 너와 나누는 모든 것들은 여전히 순수하다는 것. 그것만큼은 잊지 말기로 해.

세월 앞에도 한결같은 모습을 보여주는 네 믿음이 고마워. 그런 과분한 너를 나는 오늘도 사랑해. 사랑하지 않고는 견딜 수 없어.

자꾸만 깊어지는 내 웅덩이에 바람이 들어 쳐다보면 항상 너였다. 너는 봄처럼 따뜻하게도 불어서 네가 지나가고 나면 내 웅덩이가 조금은 얕아진 듯했어. 쏟아지는 비에, 같은 자리, 크고 작은 원들이 생기는 날에는 내 수면이 높아져 가라앉고 가라앉다 결국 잠기고 마는, 그런 날에 유독 바람이 불기를 기다리곤 했어. 자꾸 불어오는 네가 좋아서 나도 네가 좋아하는 작은 꽃을 피워내. 그 꽃은 웅덩이 바깥에 둘 거야. 작은 노란 꽃이 너에게 가 따뜻함이 되기를, 용기가 되고 쉼이 되기를 바라. 이렇게 영원히 내 웅덩이는 완급을 모르고 차오를 테지만 네가 있어 결코 넘쳐버리진 않을 거라고 나는 생각해.

유일의 시간이 지나도 내게 불어올 유일한 바람인 너를, 아낀다. 사랑한다.

수인으로부터.

나 자신과 당신의 것

맞춰봐. 손을 쥐었다 폈다. 힘을 줬다가 뺐다가 하면서 나는 오늘 어떤 생각을 했을지.

시월은 어쩐지 소중해서 나는 어젯밤 오늘의 이른 시작을 다짐했어. 약속한 대로 눈을 번쩍 뜨진 않았지만, 덕분에 적당히 길고도 짧은 하루가 지나가고 있네. 너의 오늘은 어땠을까? 느지막한 시간에 침대에서 겨우 눈을 떴겠지. 너답게, 주어진 밥 한 공기를 다 비웠을 테고. 어쩌면 오늘도 같은 카페 같은 자리에 앉아 있을지도 모르겠다. 읽다 만 책을 몇 장 넘기고 주변을 두리번대는 네 모습은 조금 뻔한 것 같기도 해. 어쩔 수 없이 옆자리로 두 귀가 향하고, 토막 난 몇 가지의 대화로 네 머릿속은 더 바빠지겠지. 카페에 나와서는 좋아하는 노래를 들으면서 조금 더 먼 길을 골라 집으로 향했을 것 같아. 그러다 문득 떠오른 어떤 기억 덕분에 앨범 속 사진 몇 장을 둘러봤을 것도 같고. 맞지 않아도 괜찮아. 지금 이 시간, 내 멋대로 움직이는 상상 속 네 모습에 나는 만족해. 그러니 너도 맞춰봐. 조금은 허전한 내 방에 앉아 나는 무슨 생각을 했을까?

내가 완전히 내 방 안에 고립될 때면, 나는 커다란 창으로 밖을 면밀히 살피곤 해. 붉게 물드는 도시나, 바람에 일렁이는 나뭇잎. 도로 위 가지각색의 걸음걸이와 구름의 이동 속도를 기억하려 애쓰기도 하지. 꼭 책을 읽듯이 내가 머무는 순간을 마치 문장 하나처럼, 글자 하나처럼 여길 때가 있는데, 눈에 보이는 모든 현상이 지금 내가 모르고 있는 어떤 사실에 대해 알려주고 있는 것 같은 거지.

오후 5시, 나는 빛의 일렁거림을 보면서 지난 시간의 나를 되돌아봤어. 그때의 나는 그때의 상황과 불가분한 요소였고 그래서 결국 나의 과거를, 지난 시간을 곁눈질했지. 가득 행복해하고 또 슬퍼했던 시간들. 좋았거나 혹은 그렇지 못했던 시간들. 한

참 창밖을 보며 떠올랐던 이름 모를 바다의 모습처럼 높거나 낮았던 그런 기억들 사이에서, 내가 알아차려야만 했던 오늘의 주제와 마주했어. 다른 건 속도나 정도의 차이일 뿐 같은 원리로 움직이는 세상의 모든 것들. 때로는 모든 것을 잡아 삼킬 것 같은 매서운, 때로는 지루와 가까운 평화의 바다와 닮아 있는…… 지난날의 나이거나 지금의 나일 수 있는 것들. 해와 달의 힘이 내 마음 밑바닥까지 닿아서 만들어 낸 어떤 오르내림. 마음의 밀물과 썰물이라고 말해도 좋을까? 지금 이 마음은 어떤 시간의 바다와 비슷한 색일까? 오후 6시와 오전 4시의 파도의 표정을, 바다의 자세를 상상하며 나는 천천히 가라앉고 있었어.

손을 쥐었다 폈다. 힘을 줬다 뺐다 하는 것처럼 완급을 조절하는 바다가 보여. 물이 밀려올 때는 다가온 무엇이든 붙잡을 각오로 힘을 잔뜩 주다가, 물이 나갈 때는 적당히 힘을 빼고 흘려보낼 것들과 인사하는 그런 바다가 보여. 오후 9시의 바다. 그리고 저기, 만남에 비해 너무도 서툰 모습을 한 나의 이별이 보여. 어른이 된다는 것은 무언가를 더 갖는 연습이 아니라 무언가를 잘 놓아주는 연습의 연속이라는 점. 욕심만큼 아플 수 있다는 점. 때로는 고통을 감수하고도 욕심을 내야만 하는 것들이 있다는 점. 멀어진 것들보다 남아있는 것들을 잘 돌봐야 한다는 점….

여전히 상상하기만 해도 이별은 어렵고 아프지만, 어둠 속에서 부서지는 바다를 생각하면 나는 더 이상 그것이 무섭지만은 않아. 커다란 한 파도가 나를 덮칠 때면, 두려워 몸을 피하기보다 재빨리 머리를 식히고 마음을 덥히고 귀를 기울이는 거지. 보내야만 하는 것들과 서둘러 인사를 나눠야 하니까. 이름 모를 해변 앞에서 겹친 두 손가락. 해와 달을 견디며 단단해진 두 목소리가 들려. 나는 내 것을, 당신은 당신의 것을 지키며 다시 마주할 그 날, 서로의 손을 잡고 있기로 하자. 지켜내기로 하자.

상상을 현실로

그 문장이 와닿았어요. 상상을 현실로 끌어내린다는 말. 슬픈 문장인데 그게 또 섭리 같다는 생각이 들어서 다시 곱씹어봤어요. 돌이켜보면 많은 관계가 그랬던 것 같아요. 상상이 현실로, 현실에서 또 다른 현실로…… 그렇게 계속 끌어내려졌던 것만 같아요. 이렇게 말하고 보니 어떤 관계든 시작한 순간이 가장 빛나는 것 같다는 생각이 들어요. 기대와 다른 모습들을 계속해서 발견하고, 발견하면서 실망하고, 그러면서도 더 가까워졌기 때문이라고 자신을 다독이고. 이런 식으로 관계의 위상이 변해갔던 것 같아요. 시작한 이상 현실에서 상상으로 올라갈 방법은 없어요. 현실에서 현실로 더 내려가는 것을 유예하는 것이 최선인 거죠. 나이를 먹는 것처럼 말이예요. 관계라고 적었지만 사랑이라고 생각했어요. 원래 사랑에 관해 이야기할 때면 밝고 희망찬 것들만 가득했는데 이제는 이렇게 눅눅하고 초라한 생각만 하게 되는 것 같아요. 이럴 때는 헷갈리기도 해요. 그냥 이 남루해진 생각을 받아들이고 대처 방법을 모색해야만 하는 것인지, 이전의 모습을 되찾기 위해 내가 할 수 있는 다른 일들을 찾아봐야 하는지. 사실 체념하는 쪽으로 마음이 기우는데 그런 자신이 싫어서, 부정하고 싶어서 쉽게 글을 못 쓰는 것 같기도 하고요. 적으면서 마음이 자꾸 서늘한 쪽으로 기울고 기울다가 정신이 번쩍. 언젠가 낮잠처럼 찾아온 손 쓸 수 없는 사랑에 빠지게 되는 날이 온다면…. 정신이 번쩍, 오늘의 내가 부끄러울 것 같기도 해요. 그날 무엇이든 적고 싶어서 노트에 옮겨 적은 몇 가지의 글들이 유독 더 쓸쓸하게 느껴졌던 이유도 이건가 싶기도 하고요.

어떤 날

그럴 때가 있다. 눈앞에 보이는 것이 이미지가 아닌 활자로 내 안에 남겨지는 때가. 오늘은 어떤 나무 한 그루를 그렇게 기억했다. 서촌의 한 신호등 앞에 놓인 나무는 주변의 나무들과는 전혀 다른 모양으로 자신의 존재감을 과시했다. 한동안 내 동네처럼 돌아다닌 거리였는데, 나는 오늘 그 나무를 꼭 처음 보는 것처럼 한참 응시했다.

보여주고 싶은 게 있어. 그게 뭔데? 신호등 앞에 있는 나무 말이야. 건널목에 있는 커다란 나무. 그 나무 혼자만 그렇게 부풀어 있더라. 아 그 나무. 알고 있지. 이렇게 말해도 금방 아네?

나는 서촌의 나무에 대해 잘 알고 있다. 그날에는 여름치고는 상쾌한 바람이 불고 있었고, 캄캄한 골목 중간에 멈춰서서 여름철 대삼각형이 이 별인지 저 별인지 한참 동안 입씨름을 하다가 남은 길을 걸었다.

시간이 왜곡된 것 같았어. 그 나무 말이야. 웜홀을 여러 번 거치며 일그러지던 얼굴이 생각났어. 직선형이 아닌 곡선형의 시간 위에 서서 그 나무는 분명 내게 말을 걸었는데…. 무슨 말이었을까. 무엇을 말하고 싶었던 걸까.

시간의 흐름이 의미가 없는 한 소설을 알고 있다. 정확히 말하자면, 원형의 시간으로 진행되는 소설이다. 정글 같은 여름을 배경으로 하는 그 소설에는 치맛자락을 간지럽히는 눅눅한 바람이 자주 등장했고, 오늘은 나는 간지럼 나무에 대해 알게 되었다. 돌고 도는 이야기들. 포개져 놓이는 활자들. 시간을 잊은 사건들. White gloves라는 노래가 재생된다.

Love 알지? Love. 사랑 말이야. 그 앞에 G만 붙이면 장갑이 돼. 장갑이랑 사랑이랑 무슨 상관이야? 장갑은 두 개가 한 짝이잖아. 그러니까, 하나만 있으면 남은 한 손이 시리잖아. 비슷하지 않나. 그러니까 내가 하고 싶은 말은, Glove 뒤에 s를 꼭 붙여야 한다고.

나는 그렇게 누군가에게 장갑을 설명한 적이 있다. White Gloves. 이 노래를 알게 된 후로 나는 비 오는 날을 내심 기다리고는 했다. 창밖에는 비가 내리고 나는 빈방에 누워 White Gloves를 재생했다. 이 노래를 듣기에 그보다 더 완벽한 날씨와 장소는 없을 것 같았기 때문에. 지금보다 훨씬 더 작은 그 방 한 칸에서 마침내 비가 오고 말았을 때, 나는 잔뜩 취해 있었고 이 노래를 듣고 또 듣고, 듣고, 듣고…. 오래 끓인 수프처럼 뭉근하고 눅눅했던 그 여름밤. 그 밤, 내 작은 방 옆의 또 다른 작은 방에 살고 있던 친구와 행복에 관해 이야기했다.

"나는 항상 네게 행복한 시간을 만들어줄 수 있다는 자신이 있었는데, 더 이상 그렇지 않은 것 같아." 행복한 시간과는 거리가 먼 그 말을 나는 결국 뱉고야 말았고….

"나는 정말 배꼽 빠지게 즐거웠던 시간이 언제였냐 묻는다면 우리가 셋이었을 때, 그때였던 것 같아." —그런 말을 들었을 때는 행복과는 정반대에 있는 무엇에 대해 더 잘 알게 된 것 같은 기분이 들었다.

돌아와 글을 쓰려 책상 앞에 앉아 지금과 어울리는 노래를 찾았다. 오늘은 아무래도 이런 노래를 듣고 싶지는 않은걸. 몇 곡의 노래를 그렇게 넘기면서 나는 지금 자의적으로 울적해지는 중임을 알았다. 더 깊어지는 중임을. Winter aid. 잊었던 한 곡의 노래가 잊었던 플레이리스트에 있었고, 나는 한 사람의 밤을 생각하며 다음 곡 버튼 누르기를 포기했다. 빈 노트에 떠오르는 낱말을 무작위로 적었고 그 낱말이 또 다른 한 사람의 뒷모습과 닮아서 나는 슬쩍 웃었다.

나는 이런 사람인데. 나는 이런 작은 것에도 금세 밝아지는 사람인데. 백 일 동안 붉게 피는 어떤 꽃처럼 나는 간지러움이 많은 사람인데…. 하고 적다가 시제의 적절함을 검토한다. 지금도 그런 사람인지. 지금의 나는 어떤 사람인지. 뻔한 노래 속 뻔한 질문으로 인해 나는 오늘 아침으로 다시 돌아간다. 깨끗하게 지워진 나체로 다시 다시 돌아간다. 무엇이든 될 수 있지만, 무엇도 아닌 채로 다시 다시 돌아간다. 태초의 나무 앞으로 다시 다시 다시 다시 돌아간다. 시간을 잊고 저 혼자 거듭해서 부풀어 오르는 나무와 다시, 다시, 다시, 다시, 마주한다.

볼륨을 가장 높여서

볼륨을 가장 높여서. 차창 밖으로 부서지는 음표들. 나는 그것들을 손에 쥘 것처럼 창밖으로 손을 뻗었다.

눈 깜짝할 사이에 어두워진 하늘이 이제 더 이상 네가 바라는 계절이 아니라고 말하는 듯했다. 마땅히 견뎌야 할 우울이 성큼 다가오고 있었다. 비가 쏟아지기 전 흐릿한 하늘로도 순식간에 기분이 상해버리는 그런 계절이 가까워지고 있다. 손톱을 씹으며 우울을 기다리는 나. 올 거면 빨리 좀 와라. 차도 한가운데에 서 있는 심정으로 나는 달리고 있었다.

옛 연인이 해줬던 말이 떠올랐다. "상행선과 하행선의 도로를 내려다보며 어떤 작가는 황금과 루비가 흐르는 강이라고 하더라." 네가 말한 게 이

거였구나. 늦은 고개를 이제서야 끄덕였다. 볼륨을 크게 더 크게 가장 크게 올렸다. 엔진은 무언가를 부추기듯 부릉댔지만 나는 어디로 돌진해야 할지 모르는 사람이었다. 핸드폰 액정에는 정해진 목적지가 깜빡이고 있었다. 하지만 글쎄, 그곳이 목적지가 맞을까 하는 의문은 사라지지 않았다. 과거의 나로부터 지금의 내가 속고 있다는 듯 그러나 속고만 싶지 않다는 심정으로. 목적지와 그렇지 않은 곳. 거짓말쟁이와 방랑자 사이에서 나는 늘 그랬듯이 오늘도 전자를 선택하고 후자를 부러워했다.

    글쎄, 적다 보니 이런 생각이 든다. 나는 견딜 수가 없고, 감당할 수 없고, 어쩔 수가 없고. 그게 맞나. 내가 한 선택이 꼭 내가 한 선택이 아닌 양, 활시위를 당기고 있는 나는 과녁처럼 선 나와 마주한다. 이게 아닌데 이게 아닌데. 따뜻한 바람이 불면 잎이 돋고 찬 바람이 불면 잎이 지는 나무처럼, 나는 정해진 방향을 선택하며. 정해져 있다는 사실 보다는 선택한다는 행위에 집중했다. 그것을 자유라 생각했지만, 사실나 자신을 기만하는 일이었다.

육체는 사유에 매여있다. 사유는 또 어딘가에. 그 어딘가의 어딘가의 어딘가를 다 함께 엮고 있는 길고 굵은 밧줄의 끝에는 내가 서 있다. 결국 시작과 끝에 내가 서 있다. 섬뜩하게 빛나는 화살촉. 활시위를 당기는 소리.

어떤 표정은 다시 지을 수 없습니다

 욕심 많은 성미 탓에 여행을 계획할 때면 늘 곤혹스러운 순간을 맞이하곤 합니다. 가고 싶은 장소에 비해 머물 날들이 많지 않은 탓이겠지요. 여행을 떠날 때면 최대한 오래 머물고자 노력하는 편이지만 사실 정답은 시간이 아닌 욕심에 있다는 것을 저도 잘 알고 있습니다. 하지만 이번에는 지난 욕심에 대해 고마움으로 시작된 여행이었습니다. 일정에 맞지 않던 계획과 그로 비롯된 지난 아쉬움이 이번 여름 저를 또 이곳으로 안내했으니까요.

 그래서 오늘은 오하라 마을에 다녀왔습니다. 교토의 중심부와는 꽤 떨어진 곳에 위치해있어 지난 여행에서 포기했던 곳이죠. 느지막이 몸을 일으켜서 빵 한 조각을 겨우 물고 버스를 탔습니다. 시내에서 조금 빠져나오니 진한 녹음이 버스 안으로 마구 쓸려 들어왔고, 구불거리는 길을 한참 달려 저는 결국 목적지에 도착했습니다. 전형적인 시골 마을이었어요. 촌스럽지만 귀여운 장식들. 세월을 증명하는 돌담 사이의 이끼들. 지붕을 가리는 나뭇가지를 자르기 위해 사다리를 오르는 아버지 그리고 그 모습을 살피는 작은 소년의 걱정 어린 눈빛. 나뭇잎 사이로 조각 볕이 들던 탓인지, 묘하게 나른해 보이는 마을의 곳곳이 좋아서 자주 두리번댔어요.

꼭 길을 잃은 것처럼 마을을 헤맸습니다. 보고 싶었던 절에도 들렀어요. 믿지 않는 신에게 몇 가지의 소원을 진지하게 고백하는 제 모습이 웃겨 혼자 피식, 웃기도 했어요. 멋진 공간들이 많았지만 저는 되려 그곳을 구경하는 사람들의 표정들이 더 오래 눈에 밟혔습니다. 멋있다는 말도, 귀엽다는 말도 어딘가 부족해요. 눈에 밟혔다는 표현이 가장 정확합니다. 왜였을까요? 이유는 알 수 없어요. 모든 일에 이유가 있다고는 하지만 그렇게도 모든 이유를 꼭 알아야 할까요? 중요한 이유, 중요치 않은 이유, 확실한 이유, 변명과 더 닮아 있는 이유…. 이유 앞에 붙을 수 있는 많은 말들을 헤아려봤어요. 알 수 없는 이유. 있을 법하지 않나요?

    꽤 오랜 시간 동안 마을을 돌며 그곳의 풍경을 정성스레 눈에 담았어요. 600년 된 소나무, 사무라이들의 피가 묻었다는 천장, 안과 밖의 경계를 무너트린 건축, 같은 초록 다른 빛으로 반짝이던 이끼와 나무들. 충분히 즐겼다고 생각했지만 그건 여전히 제 몫이 아닌가 봅니다. 돌아오는 버스에는 아쉬움이 동행했고 나는 자주 고개를 돌려 지나쳐 온 도로를 다시금 살펴보았습니다. 그래도, 이 아쉬움이 또 한 번 나를 이곳에 데려다줄지도 몰라요. 지난날의 부족함을 채우기 위해 계획했던 이번의 여행처럼 내년의 6월에도, 어쩌면 매년 6월마다 이 버스를 타고 있는, 같지만 다른 내 모습들을…. 겸연쩍게 상상해 보는 거죠. 그렇지만 한편으로는 이런 의문이 들기도 합니다. 다시 할 수 없는 것들도 있지 않을까, 하는 의문요.

어떻게 생각해요? 다시 듣지 못하는 음악, 다시 볼 수 없는 얼굴, 다시 먹을 수 없는 음식, 다시 느낄 수 없는 감정까지도. 그런 것들은 어떤 마음으로 다스려야 할까요?

글쎄요. 오랫동안 생각했지만, 별다른 혜안은 떠오르지 않네요. 알 수 있다는 자신마저 사라졌어요. 마지막은 얼굴이 없어요. '안녕. 내가 마지막이야 잘 지내.' 하는 그런 상냥한 마지막은 없어요. 눈앞에서 벌어지고 있을 때는 알지 못합니다. 지나고 나서야 비로소 알게 되는 것이죠. 문득 발견한 멍처럼. 상황은 없고 흔적만 남아있는 그런 마지막. 내게 남겨진 그 흔적들을 바라보며 나는 연습 했어요. 이미 지나가 버린 것들 앞에서 웃다가, 울다가… 겪어본 여러 표정을 그 위에 그려보는 겁니다. 당황한 표정, 태연한 표정, 또 무슨 표정을 그려볼까요? 그리고 지우기를 반복하다가, 나는 문득 깨닫습니다. 어떤 표정은 다시 지을 수 없다는 것을. 마지막에 얼굴이 있다면 아마 그런 표정을 짓고 있지 않을까요. 다시 지을 수 없는 그런 표정을.

눈을 감는 시간

 모두가 눈을 감는 시간. 나는 어떤 이유로 고단한 하품을 견디고 있는 걸까. 누군가의 목소리는 유독 쓸쓸하게 들리고 기억은 맥락 없이 나를 덮치고 있어. 떠오르는 파편에 맞아 울다가 그 파편을 지긋이 바라보며 다시 웃는 일. 나는 그런 일들을 반복하며 오늘치의 어둠을 삼키고 있어. 피로에 중독된 사람처럼 눈시울은 붉어졌으나, 그런 나의 상태와 무관하게 쉬이 눈을 감을 수도 없는 시간.

 고백하자면 뭐든 적어야만 할 것 같은 날들이 있었어. 초록빛의 터널과 그 사이로 쏟아지던 빛, 울렁이는 줄도 모르고 글자를 접던 자동차, 무수한 별이 수 놓인 그 밤을 나도 어떻게 잊을 수가 있겠니. 실체가 없는 그런 것들이 나를 덮치고 눌러대서 쿠

웅, 콰앙 답답하게 뛰는 가슴은 또 어쩌면 좋을까. 우두커니 앉아 있다가 후진 없는 상상을 시작했어. 상상을 끝내려면 주어진 분량을 다 해내야만 하는 그런 일방통행의 상상을. 깊은 밤을 날아서, 모든 것이 제자리에 다시 놓인 그곳으로 향한다면…. 글쎄 뭐가 달라질까? 머리를 긁적이는 틈과 틈 사이에서도 나는 쿠웅, 콰앙.

그러면서도…… 환한 낮이 되면 잊지 않고 웃기도 했어. 어찌할 수 없음은 말 그대로 할 수 없는 일일 테니까. 내 손을 떠난 일인 양 다 잊은 듯이, 아니 그런 일은 없었던 듯이. 그렇게 하얗게 어쩌면 새까맣게. 그런 빛으로 웃었어.

이런 이유로 나의 밤은 고단해. 연필 한 자루가 다 닳아 없어질 때까지 닿지 못할 고백을 해내고 싶은 밤은 내가 생각하는 것보다 훨씬 위험할지도 몰라. 그 사실을 나는 잘 알고 있지만 그럼에도 불구하고 이 지난한 밤을 잘라 기어코 적어내는 까닭은, 나는 나를 잘 알기 때문에. 규정 속도를 훌쩍 넘긴 속도로 지나가던 가로수 아래에서도, 영원 같은 일몰 앞에서도, 한 다스의 연필을 쥐고 있을 때마저도 고백다운 고백을 완성하지 못한 나를, 나는 너무도 잘 알고 있기 때문에.

    엉망진창으로 그린 초상에서도 나를 찾아내고야 마는 너는, 이런 갈피 없는 글을 또다시 필사적으로 해석해 내겠지. 그것은 나의 고백과 아주 근접한 영역에 위치해 있을 거야. 허나 또 한 가지, 내가 알고 있는 너의 밤. 쉽지 않을 그 밤 덕분에 나는 오늘의 상상을 마무리할 수 있어. 우리의 노래 속에서도, 인류의 모든 자음과 모음 앞에서도, 세상 모든 울음을 사용한다고 하더라도… 너 또한 단 하나의 문장도 완성하지 못할 것이라는 사실. 그래서 나는 쓰는 거야.

.
　　　 . .
　　　 . . ..
　　 ... .. .
　 ....

그 밤, 그 하늘의. 별처럼 끝없는 점들을 나열하는 거야. 너도 그랬던 것처럼. 점을 잇는 일은 모르는 척하는 거야. 내 소관이 아닌 양.

피로는 이렇게 비겁을 낳고, 그 형편없는 비겁함은 다시 하여금 피로를 낳고 마는 이상한 밤. 그럴듯한 핑계는 이미 소진한 채, 이 견뎌내야만 하는 이 긴긴밤의 소용돌이 속에서, 나는 또 무언가를 토해내고 있는 거야. 이유는 모르는 것처럼.

처음 보는 얼굴

눈을 감으면 생각나는 얼굴이 있어서. 그건 눈을 뜨면 볼 수 없는 얼굴이라서. 그런 이유로 눈을 뜨지 못하는 사람이 있대. 말을 걸어본다. 눈을 감고. 볼 수 없는 얼굴을 볼 수 있는 그곳을 향한다. 나는 천천히 입술을 떼고 말을 건다. 우리가 헤어지던 그날, 너는 울음을 터트렸잖아. 또 처음 보는 얼굴을 하고 있으면 어떻게 하냐고 내게 물었잖아. 더는 말을 잇지 못하고….

그 말에 한참 걸려 있다.

영영 그럴 것이다.

시제의 역할

　너를 찾는 일이 잦아져서 다행인지 아닌지 모르겠지만, 그래도 오늘 이 밤에는 너를 꼭 만나야만 했어. 지독한 평행선 위. 나는 달라진 것도 달라질 것도 없는 풍경 속에서 어떤 속도감만 느끼고 있어. 여름과 가을 사이의 어디쯤에서 오늘도 나는 잔뜩 헤맸고 내리는 가랑비에 결국 다 젖고 말았어. 비가 온다는 걸 알았는데. 그러니까 젖지 않으려면 피해야 한다는 사실도 알았는데 말이야. 그림자만큼 시린 마음에 무심코 손을 올렸고, 부푼 상처는 여전히 밤의 맥박으로 뚜벅뚜벅 뛰고 있어.

　끝이 안 보이는 평행선 사이를 아슬하게 걷고 있는 내 모습이 보여. 이상한 속도감에 그다지 뚜렷하지 않은 형태로 일그러져 스쳐 지나가는 풍경은 익숙하거나 새롭거나. 달라진 게 없는 풍경을 만나고 떠나보내며 나는 이것이 우리의 시간과 닮아있다는 것을 깨닫는 거야. 일그러진 형태 앞에서 순식간에 상해버린 시제의 의미. 나는 이 순간을 후회하겠지. 두고두고 기억하겠지. 넘치게 아파하겠지. 강 건너의 사람처럼 건조한 목소리로 중얼거리고 있어. 걸음마다 저려오는 뒤꿈치를 모른체하며 그래도 걸어야만 한단다, 익숙한 목소리. 결국 네가 기다리는 그곳에 나는 도착하고. 그곳은 과거일까, 미래일까. 지금일까? 알아차릴 수 있는 단서들의 전멸과 함께 실선은 점선으로. 점차 희미해지는 발밑의 선과 곧 사라질 것처럼 위태로운 그림자.

차가운 머리와 뜨거운 마음 사이에서 어쩔 줄 모르는 얼굴을 가리기에 급급해. 이럴 줄 알았어. 더는 소용없어.

혹시나 했던 일은 역시나였고 나는 부끄러움을 감출 수가 없다. 숨을 곳이 필요해 꺼내 놓은 접속사들을 소리 내어 읽어본다. 그래서, 그런데, 그럼에도 불구하고…. 마침내, 우연히, 불시에…. 그 무엇도 지금과 어울리지 않는다는 사실 앞에 너는 서 있고, 그런 너와 완전히 마주했을 때 더는 숨을 곳도 피할 곳도 없음을 나는 깨닫지.

　익숙한 눈, 귀에 익은 목소리와 여러 번 흉내 내던 너의 걸음걸이. 그런 것들을 보며 알 수 없는 존재가 되기로 작정한 듯 풍경은 괴물처럼 몸을 부풀려. 언제 적인지도 모를 우리의 모습이 점점 더 커지고 점점 더 가까워지다 결국 나를 삼키고 말지. 평행선 위, 아니 어쩌면 내가 모르던 선 밖의 우리, 창밖을 보던 네 뒷모습처럼, 모르는 체하는 거짓의 표정처럼 얼굴을 바꾸며 부유하는 지난날의 우리들. 그것은 정말 있었던 일일까. 정말 너와 내가 그랬던 적이 있었나. 갈 곳을 잃은 표정으로 두리번거리는 나를 너는 물음표로 건져 올렸어. 잠깐의 희망 앞에 깜빡거리던 나의 눈. 그리고 마주한 네 눈동자에는 그 어떤 책임도 느껴지지 않고. 나는 또 아차 싶고. 죄를 짓는 기분으로. 저지른 일 속으로. 떨어져. 떨어져….

아깝다고 아껴지는 것이 아닌 마음에 나는 내가 야속하고, 답답한 가슴을 툭툭 쳐보지만 이미 잠은 달아난 지 오래야. 식은 마음을 덥히려고 온 집 안에 있는 불을 다 밝혔지만, 여전히 소용은 없었지. 나는 가만히 앉아 다시 생각한다. 이번은 얼마나 앓아야 할까. 아슬했던 모래성은 파도 한 번에 와르르 무너졌고, 놀라 뒷걸음치던 파도의 발자국과 하얀 거품들. 온 힘 다해 쥐었던 손바닥엔 더 이상 의미 없는 모래 몇 알이 굴러다녀. 툭툭 털고 일어나 다시는 모래성을 쌓지 않겠다 다짐하지만 그건 머리의 이야기라는 걸 우리는 너무 잘 알잖아. 남아 있는 몇 알의 모래알. 반짝인다고, 소중하다고, 의미가 있다고 중얼거리다 주먹을 꽉 쥔다. 손가락 사이로 흘러내리는 몇 알의, 몇 알의 모래알. 여전히 구르고 있는 마음 속 삼각형. 마음은 다시 또 따끔해지고. 시제는 뒤섞여 다시 또 무의미해지고.

바람에 실어

 날이 좋다. 창을 넘어 들어오는 바람이 더운 몸을 식혀주고 있어. 오늘은 그렇게 가고 싶던 미호미술관을 다녀왔어. 무릉도원을 모티브로 삼아서 지어진 곳이래. 그래서 그런지 구불구불한 산길을 1시간 넘게 지나쳐와야만 만날 수 있지. 창밖에는 짙은 녹음이 가득 차 있어서 버스의 안과 밖이 거의 구분되지 않았어. 아주 쾌적한 속도로 숲을 건너는 기분. 참 행복했어. 잊지 말아야지, 잊지 말아야지 되뇌이며 숨을 크게 들이 마셨어.

 산꼭대기. 마음먹지 않고서는 쉽게 올 수 없는 그 장소에 꽤 많은 사람이 들어서 있었어. 버스에는 그렇게 많은 사람이 타고 있지 않았는데 말이야. 아름다움이란 무엇일까. 아름다움으로 이겨낼 수 있는 장애는 어디까지일까. 잠깐 그런 생각을 하기도 했지만 눈앞의 근사함에 홀려 발걸음을 재촉했어. 유리로 만든 일본식 지붕은 해의 위치마다 제 모습을 달리해서 같은 장소이지만 시시각 다른 장소인 듯한 느낌을 주었어. 생각했던 것만큼 커다란 장소는 아니어서 같은 곳을 여러 번 거닐 수 있었어. 전시를 보면서 떠오른 어떤 기억들 덕분에 웃기도 했고 심각한 표정으로 걸음을 조금 늦추기도 했어.

혼자라 좋았어. 다른 눈치 볼 것 없이 나의 템포로 그 모든 아름다움을 즐길 수 있었어. <Bust of youth>라는 작품을 보며 좋아하던 영화 <Call me by youre name> 속 한 장면을 떠올리기도 했어. 몇 살쯤 되는 소년이었을까. 무엇을 떠올리는 눈동자일까. 젊음이 가지고 있는 어떤 아름다움을 말하고 싶었던 걸까 궁금했어. 프레스코화로 그려진 작은 큐피드 그림도 봤어. 빨간 바탕에 정말 손톱만 한 큐피드가 화살을 들고 있었어. 어디로 향하는 중이었을까. 저 작은 화살은 어떤 심장을 겨누고 있는 걸까. 그렇게 또 어떤 사랑이 시작되는 걸까. 사랑에 빠지는 순간이 화살을 맞는 순간과 비슷했을까. 늘 순식간이었을까. 화살처럼 사랑이 찾아온다면 이별은 어떤 식으로 우리를 찾아올까?

혼자라 아쉬웠어. 이런 생각을 같이 나눌 수 있는 네가 내 옆에 있다면 얼마나 좋았을까. 상상해 봐. 나는 말간 표정으로 몇 가지 물음표를 네게 건넸을 테고, 너는 어쩌면 나와 비슷한 표정을 가지고 네 생각을 이어 말했겠지. 말이 안 되는 이야기들이 오고 갔을 거야. 나는 생각과 너무 다른 네 대답에 놀라며 핸드폰을 꺼내 부지런히 검색을 하고, 그런 나를 물끄러미 바라보던 너는 조용히 또 다른 검색어로 정확한 대답을 내어 놓았을지도 몰라. 이런 식으로 불현듯, 어떤 계기를 만날 때면 나의 상상이 계속될 때가 있어. 그런 계기가 특별하지 않아서, 예측할 수 없어서 참 큰일이다 싶지만, 진짜 같은 가짜가 나를 에워쌀 때, 나는 어떤 표정을 하고 있을까 궁금하기도 해. 진짜와 가짜 사이에서 나는 어느 쪽으로 더 기울어져 있을까. 상상의 빈틈을 찾아냈을 때, 그것을 현실로 돌아오는 열쇠라고 생각했을까? 아니면 알면서도 모른 척 눈을 돌린 채 못다 한 길 잃기를 마저 해냈을까?

여기가 타국이라 다행이야. 누구도 낯선 곳에서 혼자 걷고 있는 이방인에게는 관심이 없고, 열심히 적은 글자들이 멈춘 곳에는 이해할 수 없다는 듯 으쓱이는 어깨뿐이라. 이해받지 못해서 되려 편안한 마음. 들킬 일 없어서 커지는 목소리. 걸음을 돌려 다시 돌아오는 버스에 올라타고는 이렇게 보내지 못할 편지를 바람에 실었어. 안녕.

푸른 빛의 이랑과 고랑

 훌쩍이는 밤이면 바다를 생각해. 푸른 바다 앞에 두고 온 우리를 그리는 거야. 아무도 찾지 않는 그 바다에는 여전히 우리의 이야기가 흘러. 눈 내린 하얀 벌판을 달리며 서로를 쳐다보는 우리. 바람과 씨름하며 두 걸음 걷고 세 걸음 밀려나던 너. 빨갛게 언 코를 톡톡 건드리며 아무 느낌도 없다며 실실대던 나.

 젖은 양말을 차창에 널어두고 그렇게 한참을 달려 우리는 어디로 향했더라? 하얀 벌판 위 따뜻한 코코아 한 잔으로 낯선 추위를 이겨내며 나는 바람과 함께 사라지는 것들을 살펴보았어. 낯선 발음과 오색 빛의 눈동자. 이곳에 와서 한 번도 눈은 오지 않았는데 저기 밖에 수북하게 쌓인 눈들은 언제 온 걸까 하는 유치한 호기심. 처음 겪어보는 헐거운 기분. 몸이 녹아 살짝 풀린 너의 눈꺼풀까지도.

바아-다아-. 외칠 때면 어쩔 수 없이 벌어지는 입모양처럼 뭐든 담을 수 있을 것 같았어. 바아-다아-. 그렇게 외치면 만날 수 있는 거야. 푸른빛의 이랑과 고랑에 담긴 그곳의 그 시간들을. 부서진 파도알을 헤치고 버려진 오두막, 오전 11시의 등굣길, Cayman islands….

그때의 바다를 헤매다 푸- 하고 수면 위로 밀린 숨을 힘껏 내뱉을 때, 나는 비로소 조금 괜찮아진 기분이 들어. 정말 그런 기분이 들어.

지워진 음악

　무엇을 해야 할지 모르겠을 때, 당신의 시작은 어떠한가요. 저는 정리를 합니다. 가지고 있는 모든 것들을 정리하고 싶은 마음에 견딜 수가 없어요. 애꿎은 이불을 빨고, 바닥을 닦고, 책장에 꽂혀 있는 책들을 정리하고는 그래도 참을 수 없는 어떤 마음 탓에 방치해둔 음악 보관함을 정리했습니다. 플레이리스트를 대표할 사진을 찾고, 이곳저곳에 넣어 둔 음악들을 들어보며 어떤 곡은 추가하고 어떤 곡은 삭제하고. 침대에 누워 꽤 오랜 시간 그것들을 정리했어요. 재미있던 건 내가 이미 만들어 둔 플레이리스트 안의 곡들이 어떤 공통점으로 모여있는지 지금의 저도 알 수가 없다는 점이었습니다. 들쭉날쭉한 리듬과 멜로디들이 전부 뒤엉켜 어떤 상황도 기분도 재현할 수 없었어요.

최근 글쓰기 수업에서 아주 인상 깊게 들었던 말이 있어요. 오감은 어떻게든 정답이라는 말. 소설의 안에서 밖으로 통하는 가장 효과적인 방법은 오감이라는 말. 고개를 끄덕이며 곰곰이 생각해 보니 저 오감의 공식은 삶 속에서도 적용되는 말 같았어요. 안타깝게도 시간 사이를 자유롭게 왔다 갔다 할 수 있는 기술은 아직 만날 수 없지만, 그래도 종종 우리는 시간을 거스르곤 하잖아요. 과거와 현재 사이를 이어주는 그 통로의 비밀. 그것이 오감이지 않을까요.

말한 적 있나요? 나는 순간을 그런 식으로 모아 왔다는 이야기. 어떤 향기나 맛, 글과 소리 따위로 삶이라는 반직선 위에 깃발을 꽂는 거예요. 어느 상황 속에서도 내가 꽂은 깃발의 향을, 소리를, 맛을 떠올릴 때면 나는 바라던 그 순간으로 도망칠 수 있어요. 그렇게 깃발을 꽂는 심정으로 플레이리스트를 만들어 왔는데…. 곡과 곡이 만나 어떤 기분을 재현할 때마다, 익숙한 숫자보다 더 정확하게 오늘의 온도와 습도를 나타내는 곡과 만났을 때마다 놓치지 않고 플레이리스트를 만들곤 했었는데…. 그런

데 어째서 그 리스트는 지금의 나에게 조금의 공감도 살 수 없는 걸까요.

조금은 서글픈 마음으로 음악을 들으며 저는 리스트에서 지워버린 음악들을 생각했어요. 그것과 닮아있는 것들을 떠올렸어요. 더없이 솔직한 마음으로,라고 적으면 순식간에 도망가 버리는 활자들. 가벼운 인사마저도 어색해져 버린 사람들. 지키지 못했던 약속들. 너무 커버린 몸이나 주인이 바뀐 음식점 같은. 원하지 않았는데 정리되어버린 것들이요. 멀어질수록 푸르게 보이는 것은 우주의 법칙이라는 말을 들은 적이 있어요. 푸른 것들을 떠올려보세요. 멀어진 것을. 만날 수 없어 아름다운 것을. 푸른빛의 그런 깃발을. 잊혀짐과 잊히지 않음의 간극에서는 그 누구도 아주 쉽게 잃을 거예요. 궁지에 몰린 도둑처럼 나는 조금만 더 여기 남아 있을게요.

음소거

　안녕. 오늘은 알 수 없는 마음으로 다짜고짜 네게 인사를 건네. 정확히는 잘 모르겠다는 마음이라고 말할 수 있겠다.

　글을 쓰고 싶어 카페에 내려갔는데 아무것도 적을 수가 없었어. 한 시간 동안 그렇게 앉아만 있었는데 결국 아무것도 적을 수 없는 상태는 나아지지 않아 다시 집으로 돌아왔지. 결국은 익숙한 내 책상에 앉아 편지를 쓰기로 결심해. 익숙한 귀를 떠올렸지. 나는 요즘 아무 기분도 들지 않아서 울적해. 어떻게 이 마음을 설명해야 할지 고민이 돼서 같은 문장을 오랫동안 서성거리다가 결국 '아무 기분도 들지 않는다'라고 적었는데 그게 가장 솔직하게 표현한 나의 상태인 것 같아. 걱정도 없고 고민도 없고 아무 문제도 없는데, 되레 나답지 않게 이상할 정도로 꾸준한 에너지로 하루를 보내고 있는데 이게 꼭 큰 폭풍이 들이닥치기 전 마지막 적요같이 느껴져서 불안해.

    시끄러운 것은 더 이상 무섭지 않은 나이가 되었어. 조용한 무거움. 마음 깊은 곳에 숨죽이고 있는 그 묵직한 것이 달그락거리는 고민들보다 더 무서운 것이라는 걸 알게 된 거지. 작은 곤충의 날갯짓을 생각해 봐. 혼자 멍하니 앉아 있는 이런 시간이 찾아오면 그 작은 날갯짓이 가까워지고, 가까워지고, 더 가까워져서 내 귀 옆에 바짝 붙어 위-잉 듣기 싫은 소리를 내. 말 없는 두 귀. 가까워지는 날갯짓. 너라면 어떻게 할 것 같아? 나는 자꾸 눈을 돌려. 다른 것을 봐. 구멍이 생겨버린 주머니를 고치기 위해서 가장 먼저 할 일은 구멍을 봐야 하잖아. 나는 구멍으로 무언가 와르르 쏟아지는 소리가 들리는데 두 눈을 꼭 감고 주머니가 얼마나 예뻤는지, 언제 제일 쓸모 있었는지 그런 것들만 생각하는 거야. 그간 몇 가지의 문장을 애써 적어보기도 했지만, 그 쓸쓸한 단어 사이에서도 쓸만한 밝음에 눈을 돌리는 내가 옳지 못한 것 같아 더 쓰는 것을 포기하기도 했지.

오늘 본 <비프>라는 드라마에 이런 대사가 있었어. 엉망진창의 분노가 가득 찬 여자 주인공이 그동안 스스로 모르는 체하던 마음속 깊은 우물에 대해 털어놓고 이야기를 하는 장면이었어. 우울증에 시달린 적이 있다고, 병원에 찾아가 진단도 받고 약도 먹었다고. 근데 그 약이 꼭 음소거 버튼 같았다는 거야. 자신을 우울하게 만드는 그 근원적인 삽화의 힘을 잃게 만드는 전원 버튼이 아니라, 그저 그로 인한 잡음만 없애는 음소거 버튼으로서만 기능했대. 마음속에서는 계속 소리가 흘러나오는데 그 소리가 밖으로 나오지 않도록 돕는 그런 음소거 버튼. 그 버튼에 대해 생각해. 있는지도 몰랐던 그 버튼을 나는 언제 눌러버리게 된 걸까.

진폭이 갑자기 줄어든 기분이야. 나는 사소한 것으로도 기분이 금세 상해버리는 어리숙함도 있지만, 또 그만큼 사소한 것으로도 금세 환해질 수 있는 힘도 있는 사람이라고 여겼었는데. 과거형의 어미가 갖는 씁쓸함은 어떤 시간 이후로 당연히 견뎌내야 하는 일 같이 느껴지고, 그렇게 다시 또 곡선의 기울기는 0으로 수렴하고.

구름 아닌 구름 너머의 것

　연필을 잡는 자세에 대해 생각한다. 모양을 자세라 고쳐 적곤 흡족해했다. 단어 하나만으로도 문장의 힘이 달라진다는 것을 다시 실감했다. 그 뒤론 무엇을 적지. 유독 글을 쓸 때 맥락에 집착하는 나는 한 문장으로는 도저히 글을 끝낼 수 없다. 문장을 위한 문장. 그것들을 덧대어 쓸수록 결국 적고 싶던 한 문장은 모습을 숨긴다. 같은 자리를 뱅뱅. 같은 자리인 줄도 모르고 뱅뱅.
　두 권의 시집을 들고 카페에 앉아 있을 때,

혀 밑에서 두근거리는 심장처럼…
푸른 웅덩이 속 검은 구름에 대하여…[1]

1　김선재, 얼룩의 탄생

이런 문장들에 밑줄을 긋고는 참을 수 없는 기분이 들어 깜짝 놀랐다.

못내 들키고 싶은 것과 끝까지 감추고 싶은 것. 들키면 들키라지. 막무가내의 태도로 밑줄을 마저 긋는다. 뒤집은 손은 손바닥일까 손등일까. 동전의 앞과 뒤는 다르다고 말할 수 있을까. 은유 너머의 은유. 그곳에 당신은 도달할 수 있을까.

볼록한 배처럼 보기만 해도 더부룩한 글자들을 적고 있을 때였다.

보푸라기의 여행…

사과의 아침…

그림자의 역사…

문장을 이루지 못하고 어떤 목적어만 줄곧 써 내려가다 엎질러진 유리컵처럼 어찌할 수 없는 기분이 들어 깜짝 놀랐다. 말줄임표는 왜 마침표가 세 개만 붙어있는 것인지. 말줄임표의 효과적인 쓰임에 대해 생각해 본 적 있는지. 미처 적지 못한 그 뒤의 수많은 점 끝에 당신은 도달했는지.

흐르는 촛농의 모양처럼 침묵이 가만히 내려앉는다.

둘이서

 그래서 둘이라서 하고 싶은 것이 무엇인지, 나는 생각했다. 계절이 데려온 하늘만큼 나의 우울도 깊어져만 갔다. 고요한 쓸쓸함이 만족스럽다가도 견디기 힘들 만큼 지겨워졌고, 선선한 바람이 간지럽다가도 살이 에이는 듯 시리게만 느껴졌다. 책 한 권을 다 읽지 못하고 이 책 저 책 유랑하거나, 잔잔한 음악으로 나를 달래다 그게 또 서러워 다시 또 크게 울고 마는. 변덕스러운 나날들에 나조차도 나한테 지쳐가던 중이었다. 때맞춰 찾아온 마음의 환절기는 이번 해에 유독 그 온도 차가 심했고, 급기야 몸도 마음 따라 콜록이기 시작해 상황은 더 지독해졌다.

 누군가의 말마따나 아픈 몸에는 아픈 정신이 깃들기 더 쉬운 법이었다. 나는 더 깊어졌고, 자주 넋을 놓고 주제가 없는 생각들을 널어놓았다. 그리고 그것들의 방향은 대체로 어둡고 서늘한 쪽을 향하고 했다. 그리곤 문득 하나와 둘에 대해 생각했다. 나와 우리는 정말 무엇일지. 어떤 힘을 주고받는지. 나로서 하고 싶은 일과 우리로서 하고 싶은 일들. 나라서 해야 하는 일과 우리라서 해야 하는 일들. 궁극적으로 둘과 셋, 셋과 넷의 간격보다 더 멀리 떨어져 있는 듯한 하나와 둘은 어떤 차이가 있는 것인지 궁금했다.

쉬운 질문과 어려운 대답. 나는 조금 더 다정하게 내게 물었다. '그래서 둘이라서 하고 싶은 게 뭐야?' 혼자도 좋은 내가 혼자라 힘이 드는 날에는, 내가 '하나'라는 사실이 유독 형편없게 느껴지곤 하니까. 다시 말해 둘이 아니면 해결할 수 없는 쓸쓸함이 존재하는지. 둘임에도 느껴지는 쓸쓸함은 어떻게 해야 하는 것인지. 다시 한번 힘을 내서 걷던 곳의 반대편으로 걸음을 옮겼다.

과녁

    이국의 과일처럼 손이 조금만 닿아도 금방 물러버리는, 너무 익어버려서 곧 터져버릴 것 같은 날들의 연속. 오늘과는 전혀 다른 모양으로 흘러갈 내일을 상상하며 늦은 밤, 잠을 청한다. 하지만 애초에 그런 것은 불가능에 가까운 것이고, 흐르는 물을 가르려 세운 손날처럼 무용한 것이지. 나는 더 잘해보고 싶어서 눈을 크게 뜨고 앞을 보는데, 자꾸만 눈 안에 담은 것들보다 그 밖으로 떨어지는 것들이 더 멋지고 값비싸 보인다. 알고 있다. 내가 지금 애써 채우려고 노력하는 것들은 사실 내게 부족한 것이 아니다. 부족한 것은 따로 있지.

    게다가 나를 더 어렵게 만드는 것은 글이 써지지 않는다는 것. 이럴 때가 종종 있었지만 이렇게 오래 지속되는 것은 처음이다. 이러다 정말 글과 무관한 사람이 될까 봐, 글을 쓰는 행위 자체가 정말 과거 완료형으로 남게 될까 봐 두렵다. 그러고 싶지는 않은데. 마음에 드는 글 한 편을 완성하고 나면 정말 황홀한 기분이 들곤 했는데. 글자 앞에서는 늘 오색 빛깔의 색종이를 책상 위에 올려두고 내 마음대로 내 세상을 만들어내는 기분이었는데. 나는 어쩌다. 정말 어쩌다…. 문장이 되지 못한 기록들은 있다. 예컨대 어떤 나무를 한참 바라본 기억, 잘못 찾아간 목적지에서 우리가 해낸 일들, 돌을 닮은 까끌까끌한 상념 같은 것들. 그러나 그것들은 정말 그 이상이 될 수 없다. 거품처럼 만지면 순식간에 사라져 버린다. 무지개처럼 아무리 좇아도 그 끝을 볼 수가 없다. 멋있는 마차였는데 정신을 차리고 살펴본 노트에는 엉뚱한 호박이 그려져 있다. 그래서 짜증이 난다. 비어있는 돼지 저금통을 발견한 순간처럼 나는 요즘 글을 쓰려고 하면 자꾸 억울해진다.

오늘은 정말 나무의 그림자에 대해 말하고 싶었는데. 천 개의 나뭇잎과 한 개의 방향을 가진 그 몸짓에 대해서.[1] 그것이 얼마나 어렵고도 쉬운 일인지에 대해서 말하고 싶었는데. 왜인지 적은 문장들

---

1 김애란, 비행운

은 다 그렇고 그런 이야기들 같고, 어딘가 처연하고 기분 나쁘다. 내가 그리고 싶은 건 그런 게 아니었는데 말이다. 늘어놓은 문장들은 다 같은 말을 다르게 하고 있는 것 같고, 이대로 어딘가에 적어버린다면 글자들이 서로 꼬리에 꼬리를 물고 기다란 모양을 가진 괴물이 되어버릴 것만 같고. 그렇게 모든 것을 망쳐버릴 것만 같다. 아주 질기게 오랫동안.

글이 자꾸 나를 향한다. 글자들의 과녁. 그 한가운데에 꽁꽁 묶여서 눈앞에서 흩어지는 어떤 마음들을 그저 보고만 있다.

부족한 것은 따로 있지.

부족한 것은 따로 있지.

진심 어린 말

너에게 물을게. 기억이라는 것은 어떤 단위로 셀 수 있을까. 몇 초, 몇 방울, 몇 걸음, 몇 조각…. 나는 왜인지 기억이라고 하면 아주 얇게 썰어낸 치즈가 생각나. 너무 얇은 나머지 여기서 저기가 보이는 그 치즈는 여차하면 찢어져 제 모양을 잃어버리지. 얇은 그것을 통과해 보이는 세상은 내가 아는 것보다 조금 더 흐릿하고 탁해. 그러니 조각이라고 불러도 될까? 내 기억의 조각들.

나는 요즘 그런 조각에 마음을 기대는 편이야. 쉽지 않은 상황의 연속이지만 울진 않아. 여차하면 순식간에 찢어질 테니까. 얇은 기억 하나를 잃게 될 테니까. 꿀꺽꿀꺽 잘 삼켜내고 있는 거야. 없어지진 않고 내 깊숙한 곳에 차곡차곡 쌓아 놓는 거야. 한

방울, 두 방울…. 그렇게 물먹은 솜처럼 몸은 조금씩 무거워지고, 마음은 좁아지다가 마침내 견딜 수 없다는 것을 깨달은 거야.

　나는 나의 것으로도 버거워서 결국 바보 같은 선택을 하고 말았어. 내 안의 어떤 결함과 그 원인을 자꾸 바깥의 존재에게 덮어씌웠어. 그들은 모르게, 그것은 모르게. 오직 나만 아는 비밀스러운 처형이 시작되는 거지. 내 안의 모든 날을 세워서 곁에 있는 모든 것들에게 어울리는 죄목을 찾아. 우스운 건 이 모든 과정이 끝났을 때, 감옥 속에 갇힌 건 나였다는 사실이야. 나의 속단에 내가 갇혀버린 거지. 부재는 존재를 증명한다는 슬픈 명제는 참으로 판명 났고, 나는 그 명제를 굳이 증명하려 애쓰는 꼴이었어. 여기 '있는' 것이 아닌 여기 '있던' 것이라는 말은 얼마나 쓸쓸한 것인지 나는 알았어. 그리곤 그 고독을 함께할 수 있는 사람도 나에게 '있었다'는 것을 한 발 늦게 알아차렸지.

　과거가 아닌 과거완료의 시제 속에서 내가 할

수 있는 건 동굴을 더 깊이 파는 것뿐이었어. 살아 있던 내 과거들을 모아서 어떤 것은 물속으로, 어떤 것은 불 속으로 던져 숨통을 끊었어. 그리곤 모든 게 무너지는 소리를 들었어. 과거가 쌓여 만들어진 지금의 이 시간까지. 빛나던 눈동자를 잃었어. 어느 것도 흥미롭지 못해. 듣던 음악도, 좋아하던 영화도, 익숙한 목소리도, 소중했던 약속들도…. 과거를 다 죽이고 나니 내가 가졌던 현재들이 모두 과거가 되어 버린 거야. 생활의 모양새는 무덤과 비슷해졌어. 과거들의 축제. 있는 것은 없고 있던 것들만 가득한 끔찍한 모양과 닮아 있던 동굴 속으로.

그곳에 누워 살다가. 그 무덤에 누워 살다가 너를 발견하지. 방 한구석 내가 만든 부재의 무덤에서 몸서리치는 나. 그리고 멀리서 들리는 아주 작은 소리. 부재하지 않는다며, 여기 있다며 외치는 목소리. 작은 빛 쪽으로 한 걸음. 가까워지고 싶은 그 따뜻한 목소리 쪽으로 한 걸음. 뒤를 돌아보지 마세요. 익숙한 금기를 중얼거리면서 한 걸음. 그렇게 너는 또다시 나를 구한 거야. 어둡고 물컹해서 모든 것을 삼켜버릴 것 같은 그 밑바닥이 아닌 환하고 견고한 바닥을 밟았을 때, 나는 결심해. 나도 그럴게. 열심히, 정말 열심히 너의 과거이자 현재가 될게. 진심이라는 말로도 부족할 진심으로 남아 있을게.

세수

떠나는 마음과 돌아오는 마음이 나란히 포개어질 때, 돌연 목적지를 정해버린 그녀는 아마 다시는 이곳으로 돌아올 수 없을 것입니다. 돌아올 장소가 없는 이 여정을 여행이라 말할 수 있을까요? 미뤄둔 마음의 빚이 너무도 많은데, 중요치 않은 일들이 중요한 일들을 완전히 덮어버렸어요. 그래서 얼굴을 닦습니다. 부채감을 씻어내는 것처럼. 나는 깨끗하고 환한 것들만 전해주고 싶으니까.

물기를 꼼꼼히 닦아야 해. 그렇지 않으면 이따가는 더 건조해져 버릴 거야. 한 번만, 이라는 말이 세상에서 제일 미련한 말 같다가도 그 한 번조차도 용납하지 않는 시간 앞에 다시 또 겸허해지고…. 겸허라는 말이 맞긴 할까요? 나는 자꾸만 나 스스로에게 말을 걸곤 했습니다. 일이 풀리는 모양새와는 다르게 자꾸만 해결되지 않는 물음과 의미 없는 대답만이 가득한 곳. 형체는 없고 그것이 남긴 현상만 볼 수 있는 바람. 그런 바람을 닮은 시간. 보이지 않는 선택들이 의도치 않은 것들을 바꾸었고, 지금도 바꾸고 있다는 사실을 알아차리면 금세 두려워졌어요. 아무것도 할 수 없어. 정말 아무것도.

나는 미래를 과거의 몫으로 두고 싶지 않아. 그는 말했습니다. 현재를 모아 미래의 손에 쥐어 주고 싶어. 그는 또 말했습니다. 아무것도 할 수 없어? 그는 그렇게 말할 수도 있었습니다. 문을 닫는 소리. 거울에 비친 눈동자. 몰아쉬는 숨은 안도일지 후회일지….

목소리는 너무 시끄러운지 오래고 활자조차 피곤해져 버린 지금. 내가 당분간 할 수 있는 것들은 조용히 때를 기다리는 것. 묵은 것들을 해감하듯 잠자코 지금의 농도에 적응하는 것. '언젠가'라는 단어는 기약 없는 말처럼 느껴져 조금 더 쓸쓸하지만,

오고야 말 그 '언젠가'를 만났을 때로 해요. 내가 눈을 뜨고, 입을 벌리고, 묵은 것을 다 토해냈을 때. 그때가 적당하겠어요. 다시 한번 물기 어린 마음으로, 산뜻하고 빛나는 것들을 당신에게 쥐여줄게요.

순간을 훔쳐 달아나

좁지만 깊은 나의 웅덩이는, 어떤 감정도 빠졌다 하면 나오지 못해서 나는 아차, 하면 왈칵, 터져버리곤 했어. 구멍을 메우려 집어넣었던 많은 것들이 돌연 어둡고 서늘한 것으로 변해버려서 무서워지던 참이었지. 살아가는 게 아니라 살아내는 하루들. 단조로 흘러가는 발걸음과 뾰족한 낱말들. 멀어져 가는 사람들과 깜빡이던 기억들.

유독 그 웅덩이가 깊어지는 이 차가운 계절이 찾아오면 나는 물속을 유영하는 것처럼 하루를 살아가곤 해. 자리에 놓인 것은 하나도 없이 떠다니는 말과 행동. 쓸쓸하고 위험했던 나날들. 어지러운 머리를 부여잡으며 쓰러졌던 수많은 밤들. 그중 어떤 밤에 나는 결심하고 만 거야. 둥둥. 중력을 잃은 용기와 잠깐 부딪혔던 그 밤, 떠나야겠다고 다짐한 거지. 비용과 거리 탓에 여러 번 망설였던 여행이었지만 시린 바람이 잦아지면서 나는 더 확실하게 알 수 있었어. 이 계절의 반대편으로 향해야만 한다는 것들. 본능적으로 선택한 이곳에 첫발을 내디뎠을 때, 나는 어떤 표정이었을지, 상상할 수 있겠어? 낯섦이 가진 힘처럼 두려움으로 눈은 커지고 호기심으로 입은 벌어지고. 떠나지 않았으면 몰랐을 얼굴은 그렇게 시작되었어.

    이상한 여행이었지. 목적지 없는 하루와 고장 난 나의 조합. 이래도 되나 싶을 정도로 웃음과 울음의 주기가 짧아졌고, 마주한 순간들을 껍데기이거나 알맹이이거나 중간을 잊은 듯한 모습이었어. 이름 모를 골목을 헤매는 일. 낯선 음악에 몸을 내던지는 일. 보이는 색에 이름을 다시 지어주는 일과 오늘의 새로운 향기 앞에서 숨을 깊게 들이마시는 일. 그 모든 순간 속에서 나는 내가 가지고 있던 여전한 솔직함을 발견했어. 진심이 가지고 있는 힘. 굴곡진 메모장 속 단어들은 내일의 여정에 또 다른 동력이 되었고 나는 또 감정의 극과 극을 바삐 오가고…. 정해진 것은 단 한 가지, 자주 메모장을 켜겠다는 다짐. 그것이 생각보다 쉬웠던 이 즐거운 여행이 끝났을 때, 다시 펼쳐 읽은 나의 메모장에는 마땅한 것들이 적혀 있었지. 이곳에 있었지만 이곳에 없는 것들. 그것은 행복도 아니었고 그렇다고 슬픔은 전혀 아니었지만, 그것들은 정직했어. 애매한 것들이 모여 정확하게 나타내고 있던 것. 그것으로 점점 뜨겁게. 나는 점점 더 뜨겁게. 그렇게 얕아지던 웅덩이. 하나둘 제자리를 찾는 목소리. 진심의 힘으로 다시 찾은 오늘의 반짝임을 가지고 나는 돌아왔어. 너에게 가고 있어.

버티는 마음은 왜 숨길 수 없을까

문득이라는 표현이 정확한지 모르겠다. 가슴 깊숙한 곳에 머물고 있던 생각은 파도를 타듯, 시절에 따라 잠겼다 떠오르길 반복한다. 오늘의 나는 어떤 시절에 머물고 있길래 그리움이 떠올랐을까. 눈을 감으면 떠오르는 이 풍경 속에서 나는 무엇을 그리워하고 있는 걸까. 알 수가 없어 눈꺼풀만 깜빡였다.

필요한 잠은 오질 않고 나는 자꾸 그리움만 건져 올렸다. 수면 위의 그것은 처량한 모습을 하고 있었다. 애타는 마음을 지켜보고 있는 일이란 제법 시린 일이니까. 따뜻한 이날에 이불 밑에 누워 깨닫는 시큰함이란 생각보다 더 쓸쓸할 테니까. 대상 없는 마음이 자꾸 불어나 감당하기 어려운 지점을 툭툭 건드릴 때쯤이 돼서야 간신히 몸을 일으켰다. 알아 달라고 부르짖는 소리들에게 자리를 찾아줘야만 했다. 움직이자. 모른 척은 힘을 다한 지 오래고 이제는 눈이 아닌 귀를 써야 할 차례였다.

들어본 오늘의 그리움은 다행히도 어둡지만은 않은 것이었다. 시끄러운 것부터 천천히 건져 올렸다. 그 앞에 앉아 한참을 귀 기울였고 드디어 찾을 수 있었다. 그리워하고 있었다. 죽은 줄로만 알았던 과거들은 아직 살아있었고 그 안의 나 또한 살아 있었다. 희미하게. 일탈을 꿈꾸며 비를 맞던 순간. 책을 덮고 한참을 달리던 운동장. 서툴러서 완전했던 표현과 내 것이 아니었던 시원시원함. 눈물로 젖어 있던 구령대. 숨길 수 없던 질투와 그 끝에 걸려있던 사랑까지. 잘 몰라서 더 움직였던 시간 속에서 적당히 미숙했던 나를, 나는 그리워하고 있었다.

우리가 가진 여러 기억은 저마다 다른 장소에 위치하는 것이 아니라고 한다. 기억하고자 하는 장면은 조각이 난 채로 제 자리를 찾는다. 일정한 패턴 속에서 자기가 놓여야 하는 곳을 정확하게 차지한다. 그래서 그런가. 회귀 옆에는 발전이 있고 그리움 뒤에는 용기가 있었다. 어제를 살고 싶다는 욕구와 더 나은 내일을 살고 싶다는 욕구. 어제와 내일을 한 곳에 적어두고 나는 새삼스러운 느낌이 들었다. 한 쪽을 선택해야 하는 걸까. 선택만 하면 그렇게 살 수 있는 걸까. 이제는 귀가 아닌 머리를 써야 하는 차례였고, 그렇게 다시 자리를 찾는 조각들 그렇게 만들어지는 동그란 패턴들. 나란히 놓이는 지난날과 지낼 날. 과거를 닮아있는 새로운 내일을 나는 만들 수 있다는 사실을, 완벽은 아니지만 완전한 삶과 더 가까워진 삶의 형태를 깨달았을 때 드디어 도래한 마음의 차례. 깨끗하게 빨아서 꼭 새것 같았던 흰 운동화와 닮아있을 다음의 감정과 다음의 태도를 발견한다.

멀리서 온 편지

　제주에서 돌아오는 하늘, 비행기는 무척 흔들리고 있다. 저가 항공사의 비행기가 착륙할 때면 승객 모두가 손뼉을 친다는 우스갯소리를 들은 적 있다. 별 탈 없이 착륙했다는 안도와 반가움의 의미에서 박수를 치는 것이다. 하지만 지금은 그 말이 별로 우습게 들리지 않는다. 비 때문인지 바람 때문인지 계속해서 흔들리는 이 비행기 안에서 나는 죽음과 가까운 무엇을 감각하고 있다. 이례적인 두려움이다. 이륙하는 순간부터 그랬다. 귀가 먹어 한참 코를 막고 숨을 내쉴 때부터 불안함은 시작되었다. 요즘 나는 재미 삼아 내 몫이 아닌 삶을 종종 상상했었다. 어떤 카페의 주인이 되는 상상, 자전거를 타고 출근하는 모습, ㄷ자형 가옥과 마루에 앉아 있는 나의 강아지…. 지금은 내 몫이 아니었으면 하는 죽음을 상상한다. 재미는 없지만 상상은 계속된다. 삶의 마지막 앞에서 단 한 문장만 남길 수 있다면 나는 어떤 말을 적어야 할까. 간신히 떠올린 어려운 질문 덕분에 거친 기류를 잠깐 잊을 수 있었다.

끝을 생각하니 이번의 제주가 더 생생하다. 좋아하지 않는 겨울의 제주를 만난 탓인지 여행하는 동안 나는 지금 여기 없는 것을 이곳에 자주 덧대어 보았다. 있지만 없는 것들을 없지만 있는 것들로 둔갑시켰다. 시간을 돌려 다 떨어진 낙엽을 나무에 도로 붙여 놓거나, 구름을 지우고 해는 더 빨갛고 커다랗게 덧칠하거나, 한입 베어 문 웨하스처럼 내 밑으로 떨어지는 수많은 별의 부스러기를 상상했다. 여행이 진행될수록 이런 상상에도 가속이 붙었다. 이제는 그림이 아닌 이야기를 그렸다. 한 페이지로 끝나는 것이 아닌 다음 페이지, 그다음 페이지를 채워가는 나의 모습은 순간을 엮어 시간을 만드는 유능한 직공의 모습과 닮아 있었다.

제주는 아니지만 비슷한 기억이 있다. 별을 보러 가던 길. 별이 잘 보인다는 것은 그만큼 어둡다는 의미이다. 목적지와 가까워질수록 가로등의 간격도 점차 길어져만 갔다. 운전하며 나는 조금 무서운 기분이 들었고 도로는 점점 더 위험해져만 갔다. 상향등 깜빡이를 자주 만졌고, 핸들을 잡은 손에는 땀이 나기 시작하던 때였다. 북유럽 같다. 옆에 탄 친구가 갑자기 그런 말을 했다. 사실 이렇게 가리고 보면 어디든 비슷하지 않아? 고개를 돌려 바라본 친구는 오므린 손바닥을 눈 옆에 가져다 댄 채 창밖을 보고 있었다. 맞아 그렇게 가리면 어디든 비슷하지. 그런 생각을 하니 더 이상 어둠이 무섭지 않았고 내가 할 수 있는 상상을 동원해 그 순간의 이야기를 만들기 시작했다. 기껍게 어둠을 달리던 두 사람. 까만 하늘로 모든 것이 다 지워진 이곳에서 시작될 이야기. 북쪽으로 가까워지는 이 섬뜩한 도로가 오로라를 사냥하기 위해 나서던 환상적인 도로로 변하는 이야기.

일상을 기록한 자료를 잃어버리고 황망한 마음에, 상상을 섞어 그것을 복원하다가 결국 소설가가 된 한 사람을 알고 있다. 그림 속 나의 이야기도 그렇게 계속된다. 달라진 것은 내 몫이 아닌 삶이 아닌 내 몫일지도 모를 삶을 그려본다는 것. 시간이 알려준 나의 속성을 부표처럼 띄워두고, 그 안에서의 생활을 자유롭게 그려보는 것. 나는 이런 사람이야, 라는 문장 뒤에 온점이 아닌 반점을 붙여보는 것. 쉼표의 여유를 알게 되는 순간 나는 다시 그 까만 하늘 아래로 갈 수 있다. 호기롭게 어둠을 향해 달릴 수 있다.

여행의 기술

 자랑 하나를 하자면 나는 순간을 대하는 태도가 뛰어난 편이다. 별것 아닐 수 있는 일상에서도 특별함과 소중함을 찾아낼 힘이 있다. 또 한 가지. 그런 순간들을 꽤 다양한 방법으로 기억한다는 편이라는 것. 유독 똑똑한 청각과 후각 덕분에, 마음에 담기 벅찬 순간들과 마주할 때면 귀와 코가 마음을 돕곤 한다. 온몸으로 당시의 행복을 기억하는 것이다. 이런 나와 닮아 더욱 잊혀지지 않는 문장이 있다.

 어쩌면 사람들은 모두 반짝 빛났던 순간의 기억으로 평생을 사는 게 아닐까. 언젠가 더 이상 어둠을 밝힐 수 없는 날이 오면 그 기억들을 녹여 만든 초를 태우겠지. 그러니 가장 반짝이는 기억을 만들

자. 훗날 우리의 어둠을 밝혀 줄 초가 너무 쉽게 닳아 없어지지 않도록.[1]

맞는 말이다. 사실 나는 살면서 손에 꼽을만한 거창한 이벤트보다는 문득 떠오른 사소한 그리고 소소한 순간을 추억할 때 더욱 행복하다. 기억의 초를 만들기 위한 나의 효과적인 전략은 메모다. 그날의 온도와 사람들의 옷차림 때때로의 상념이나 희미하게 드러나는 지난 일들이 마음에 들 때면 즉시 핸드폰을 켜서 메모한다. 아쉬운 점은 '구슬이 서말이라도 꿰어야 보배'라는 말처럼 빛나는 구슬들은 메모장에 잔뜩이지만, 아직 부족한 세공 실력 탓에 모아만 두는 실정이라는 것이다. 널브러진 구슬을 엮어보자 하는 그런 도전의 의미에서, 나는 오늘 메모장에 적힌 가장 최근의 단어를 용기 내어 소개해 보려 한다.

여행을 원래 좋아했냐 하면 그건 아니다. 부모님의 손에 이끌려 흥미 없는 경관에 형식적인 감탄

---

[1] 하현 <달의 조각> 중, 우리의 조각이 너무도 찬란해

을 외치던 때의 나도 있다. 딱히 전환점이랄 것은 없지만 생각해 보면 나이를 먹으며 여행을 좋아하는 것은 자연스러운 일 아닐까? 어릴 적은 일상 자체가 여행이다. 하루 자체가 새로우니까. 아빠에게 두발자전거를 배우던 일, 마음에 드는 인형을 사기 위해 노란 택시 세 번과 행운의 상관관계를 설명하던 일, 손에 쥔 500원을 들고 오늘의 군것질거리를 고민하던 일까지. 특별한 일들은 공원에, 마트에, 문방구에 심지어 집에도 널려 있었다. 멀지 않았다. 그런 일상이 점차 당연하게 된 건 언제쯤부터일까? 특별함은 곧 익숙해지기 마련이고, 하고 싶은 것뿐만 아닌 해야 할 것들이 있다는 것을, 대개 해야 할 것들을 완료했을 때 하고 싶은 것을 할 수 있는 기회가 찾아온다는 것을 알았을 때부터일까. 삶이 생활로 격하되는 순간 익숙함은 지루함으로, 일상은 머무르는 곳이 아닌 벗어나야 하는 곳으로 변하곤 한다. 그럴 때면 내가 꿈꾸는 여행을 생각한다. 모험과 도전, 생기 가득한 그런 여행. 스카이다이빙이나 사막에서 하는 마라톤, 가장 긴 까미노를 걷는 일…. 비일상적인 것들을 하나씩 나열하며 나는 잠깐 생활을 벗어나 삶을 꿈꾸는 것이다.

    좋은 환경에서 태어나 어렵지 않게 외국이 여러 곳을 방문할 기회가 생겼고, 이곳저곳을 다녀보니 '여행'에 대한 취향이라는 것도 가질 수 있었다. 휴양지보다는 배낭여행을, 명소를 방문하는 것보다 동네를 산책하는 것을 더 좋아한다. 호텔보다 비앤비에서 더 안락한 기분을 느끼는 편이고, 숙소의 별점은 가장 중요한 것은 창밖으로 보이는 나무의 수와 상관이 있다. 취향뿐만 아니라 여행에 있어서 작은 꿈이라고 말할 수 있는 것도 생겼다. 좋아하는 인물을 정하고 그가 살면서 머물다 간 곳들을 경로로 삼는 여행. 알랭 드 보통의 <여행의 기술>을 읽으며 생각했던 꿈이다.

    행복한 이 꿈의 여행 속에서 나의 사랑스러운 안내자는 '샤갈'이다. 그가 태어난 러시아부터 시작해 파리 그리고 니스까지 조금 커다란 이 동선을 나는 그와 함께한다. 7월 어느 날에 나는 비데브스크 거리를 그와 함께 걷고 있다. 이후 파리에서 베를린 그리고 마침내 니스로 이어지는 여행. 그것이 끝날 때쯤이면 나는 그를 예술로 인도했던 수많은 매혹적인 풍경들을, 그 속에서 그가 충실하게 느꼈던 행복하거나 비참했던 경험들을 어렴풋이 알 수 있다. 장소로부터 시작된 상상은 나 자신으로 다시 이어진다. 나는 꽤 많은 언어에 능통해졌고, 구사할 수 있는 언어는 뻔하지 않은 장소와 친절한 사람들로 나를 안내한다. 다시 무더운 계절, 나는 주홍빛으로 물든 거리의 한 노천 식당에 앉아 있다. 마주 본 눈동자의 색은 매번 다르고 그렇게 이어지는 대화, 바빠지는 손… 메모장에 적힌 수많은 단어, 이윽고 완성되는 또 하나의 문장. 만나야만 했던 한 문장. 그것은 나의 다음 여행지를 가리키고 있다.

늦은 납작 복숭아

　눈을 뜨니 11시였다. 셔터 때문이다. 마르세유의 치안은 좋은 편이 아니라 그런 걸까. 숙소의 창에는 커튼 대신 셔터가 달려 있다. 안전과 맞바꾼 어둠에 잔뜩 취해있던 지난밤, 우리는 모든 신경을 침대 위에 눕혀두고 꽤 오랜 시간 종알거렸다. 방은 깜깜했고 오가는 말들은 반짝였다. 쓸쓸하지 않은 밤이었다.

　그래도 있지, 우리 오늘은 셔터를 올리고 자 볼까? 그럴까? 근데 셔터에서 웬 총알 자국을 본 것 같기도 해.

　이국에서 생활은 이렇다. 지난 일상과 별다를 바 없이 평범한 시간을 보내다가도 한 번씩 등장하는 대화의 작은 소재들이 지금 이 시간을 신선하게 만든다. 총알이라니. 말이 돼?

　부스스한 머리를 긁적이곤 마당으로 나섰다. 예약한 비앤비는 빌라지만 마당이라 부를 만큼 커다란 테라스가 있었다. 빌라보다 큰 나무들이 옆집과의 테라스 사이에 놓여 있었다. 간밤에 찝찝해진 나의 몸보다 먼저 씻어둔 복숭아도 함께 챙겼다. 찬물로 막 씻어낸 납작 복숭아는 밤보다 낮에 맛이 더 좋았다. 한입 물 때마다 주르륵, 흘러내리는 과즙만으로도 입안의 과육이 얼마나 달콤할 지 충분히 상상할 수 있었다. 늦은 기상에도 불구하고 우리의 움직임은 느긋했다. 눈을 뜨고 복숭아를 씻고 의자에 누워 그것을 먹어가며 우리는 유독 꼬리가 길었던 지난밤을 함께 접어갔다. 먹고 있는 복숭아와 오늘의 아침이 닮아 보였다. 긴장은 찾아볼 수 없는 납작한 모양새가. 한적한 공원에 누워 간헐적으로 불어오는 바람에 온 감각을 집중하는 듯이. 그렇게 차분하고도 상쾌한 아침이었다.

이것이 내가 처음으로 찾아낸 이곳의 즐거움이다. 느끼는 대로, 말하는 대로 움직일 수 있다는 점. 해야 하는 모양보다 하고 싶은 모양을 더 자주 흉내 낼 수 있다는 점. 더불어 그것을 어떤 제약도 없이 충분하고 여유 있게 해낼 수 있다는 점. 이 즐거움 속에서 나는 당분간 많은 것들을 충동적으로 감행해 보겠다고 다짐했다.

일정에 맞는 차림새로 문밖을 나섰다. 어젯밤에는 좀처럼 찝찝한 느낌이 들지 않아 덥고 습하다는 이 곳의 날씨에 벌써 적응한 줄로만 알았는데, 문을 열자마자 숨이 턱 막혔다. 이 지독한 습도에 적응하는 일은 사흘로는 턱없이 부족했다. 숨을 들이마실 때마다 코로 느껴지는 텁텁함. 그 이물감에도 불구하고 거니는 걸음이 가벼울 수 있던 이유는 아침을 맞이했던 속도, 아마 그 느긋함 때문이었을 것이다. 이렇게 마르세유에서의 춤이 시작되었다.

아다지오. 아다지오.

그것이 비록 환상이라 해도

그게 비록 환상이라고 해도 그 천국의 환상은 우리를 실제로 구원해요.[1]

그리하여 나의 환상은 숙소를 찾기 위해 비를 맞으며 걷던 길이다. 실패한 저녁 식사와 6장의 휴족시간일지도 모른다. 반복해서 듣던 Peggy Lee의 노래, 포기하지 않고 적었던 <6월의 H>, 후르츠 산도와 몇 장의 프렌치토스트, 우비와 자전거이다. 레게 머리를 한 소년과 그 목에 걸쳐 있던 수건, Sunboat와 자전거 통행금지로도 설명할 수 있다. 그리고 남겨진 푸른색으로 뒤덮인 사진첩.

1 김연수 <스무살> 중

꿈을 꾸듯 걸었다. 걸음과 걸음 사이로 자꾸만 생각이 미끄러져 들어왔다. 그것은 꿈처럼 맥락이 없었고, 환상처럼 선도 아니고 악도 아니었다. 미끄러져 들어오는 그 기분이 나쁘지 않아서 더 열심히 걸었다. 멈추지 않았고, 의도적으로 길을 잃었고, 끊임없이 고개를 돌렸다. 그리고 길어지는 그림자. 잦아드는 바람…. 음악이 멈추고 걸음도 멈춘 그곳에 내가 있다. 나를 향한 물음과 끝없는 오답 사이에 내가 서 있다. 나는 선 위에 서 있고, 이미 벌어진 사건과 앞으로 벌어질 사건들이 늘어져 있는 선 위에. 우두커니. 그리곤 보이지 않는 끝을 가늠해 보며 중얼거린다. 그게 비록 환상이라고 해도 그것은 우리를 실제로 구원해요. 구원해요. 꿈을 마저 꾸기 위해, 이미 무거워진 발을 다시 옮긴다.

좌우가 뒤집힌 이곳에서는 마음과 행동도 뒤집힌다. 거꾸로 재생되는 음악, 뒤로 걷는 사람들, 짧아지는 그림자. 그리고 어떤 움직임 뒤에 마음을 깨닫는 일. 걸음 사이로 삐걱대는 소리가 들려오고 수 십 번째 돌고 있는 골목처럼 수 십 번째 중얼대는 같은 마음. 길을 잃은 것처럼. 갈 곳이 없는 것처럼. 모른 척해야 알 수 있는 것들. 그게 비록 환상이라 해도요.

영혼은 조금 늦게 따라와

자꾸 다른 꿈을 꾸고 싶어지는 땅이야. 따분하지만 경이롭고, 평화로움 속에서 벌어지는 흥분되는 일화들. 상상이 가? 비유를 하고 싶지만, 도무지 비유할 수 있는 무언가가 생각나지 않아 며칠 밤을 헤맸어. 헤매던 그 밤마저 사랑하게 되어 고의적으로 답을 회피하던 그런 밤도 있었지. 잠에 취한 채로 해낸 출국 심사, 먹먹한 귀를 참아내려 열심히 삼켜냈던 침, 뜨거운 날씨에 한 꺼풀 벗겨진 살갖, 조금 지체된 이미그레이션, 곳곳의 꼬부랑거리던 언어들과 하와이안 셔츠. 물기 없는 바람으로 씻어낸 얼굴…. 그 모든 것들이 발맞춰 이곳을 설명했는데 나는 왜 아직도 믿을 수가 없을까.

먼 거리를 날아가 여행을 할 때면 육체와 영혼이 따로 놀곤 한대. 그 둘의 이동 속도는 같지 않아서, 영혼은 육체보다 느려서 목적지에 더 늦게 도착할 수밖에 없는 거지. 나의 영혼은? 나의 영혼은 지금 어디쯤일까? 러시아 상공을 날아가는 중일까. 어떤 속도로 육체를 찾고 있을까. 도망가고 싶어지면 어쩌지. 잃어버리면 어쩌지. 이런 구체적이지만 형체 없는 고민들은 구름의 모양으로 모아졌다 흩어지길 반복하며 나를 쫓아오고 있어. 육체를 잃은 영혼과 영혼을 잃은 육체 중 무엇이 더 안타까울지 생각하며, 나는 날아온 속도보다는 천천히 그러나 더 꾸준히 이동하고 있지.

그것이 없는 틈을 타서 아주 충동적이고 이례적인 하루를 결심해. 살아있음을 실감하며, 감히 이 모든 것들을 전부 기억하려고 노력하지. 오감을 동원해서, 어쩌면 육감까지 거들어서 나는 이 땅의 모든 것들을 쥐고 있는 거야. 손을 뻗어 바람을 가르거나, 눈 깜빡하지 않고 쉴 새 없이 흐르는 구름을 쫓아가거나, 은하수 그 아래에서 끝이 없을 것 같던 별을 영원처럼 소리 내어 세어보거나, 바람과 햇살이 바싹 말린 나뭇잎의 향을 들이마시기도 했지. 이곳은 모든 게 정말 거대해. 눈을 뜨고 귀를 기울이고,

이렇게 나의 모든 구멍도 풍경을 따라 기껍게 넓어지지. 그래도 놓치는 것들, 차마 잡을 수 없는 것들. 커다란 나무를 꼭 안았을 때 닿지 못하는 두 손끝 사이의 거리처럼, 가질 수 없는 것들.

그런 안을 수 없는 것들을 오늘은 기어코 다시 안아보겠다며 나는 다시 또 오늘을 시작해. 어디선가 부지런히 날아오고 있을 나의 영혼을 위해 소리를 질러. 주체할 수 없는 기분에 창밖으로 뻗은 손은 이미 짙은 색을 머금은 지 오래이고, 몹시도 건조한 이국의 바람에 피부는 오돌토돌 불만이 많지만, 그래도 웃으면서 하루를 맞이하지. 이곳에 영혼이 도착하는 그때를 기다리는 거야. 아주 커다란 그 나무를, 이 순간을, 나의 영혼과 양손을 마주 잡고 꼭 안아볼 수 있을 그때를 기다리는 거야. 행복을 기다리는 행복으로 나는 지금 행복할 수 있는 거야.

밤의 여행자

　　이번 겨울 휴가로 떠난 여행은 색다른 느낌이었다. 춤을 추는 것 같달까. 뉴질랜드에 막 도착했을 때는 내가 밟고 있는 땅이 주는 행복함에 취해있었다. 아무것도 얽혀 있지 않는 이 장소에 내가 독립적으로 존재한다는 사실. 그 자체의 행복함이었다. 준비해 온 이국의 화폐를 꺼내 내가 먹고 싶은 음식을 사는 일, 예약한 바우처를 꺼내 어디든 갈 수 있는 나의 차를 빌리는 일, 살고 싶던 집과 닮아있는 집에서 며칠을 머무는 일. 그것들이 제공했던 해방감에 취해있었다.

　　아쉽게도 잠깐이었다. 해방감과 어색함은 사실 한 몸이다. 양날의 검처럼. 그렇게 며칠간은 어색한 모양새로 더듬거리며 걸었다. 시속 150km의 자동차 안에서도, 경험해 보지 못한 대자연 속에서도 나는 무척 행복했지만, 동시에 가장 얇은 가시에도 금세 터져버릴 것처럼 불안하고 예민했다. 당시 나는 한국에서 많은 것들에 지쳐 안정적이지 못한 상태였다. 여행지를 뉴질랜드라는 아주 멀고 낯선 곳으로 정하게 된 배경도 그랬다. 가장 밑바닥인 것처럼, 그렇게 지내던 한국과는 전혀 다른 곳으로 떠나고 싶었다. 정반대의 계절 속에서 이국의 언어가 두 귀에 흘러넘치고, 좌우마저 바뀐 이곳이라면 한국을 생각하지 않을 수 있을 것이라고 생각했다. 하지만 오히려 정반대라는 이유로 자주 한국을 생각했고 얼마간을 그곳을 그리워하기도 했다. 믿기지 않겠지만 정말 그랬다. 고백하자면 만족스럽지 못했다.

대개의 사건이 그렇듯 예기치 못하게 마음속의 문제가 해결됐다. 어쩌면 시간이 해결해 주었다는 말이 더 적절할지도 모른다. 예상 밖의 대화와 적응의 시간이 흐른 뒤…. 들리는 음악, 되찾는 리듬. 그리고 아주 약간의 움직임. 아직은 그 살랑대는 몸짓이 어색해 주변 눈치를 보긴 했지만, 나는 그런 내가 좋았다.

나는 당시 가지고 있는 문제들이 많았고 문제와 문제 사이가 너무도 복잡하게 얽혀 있어서 그 커다란 덩어리를 겨우 견뎌내고 있던 상황이었다. 우선순위는커녕 너무도 끈끈히 얽혀있는 탓에 이 문제와 저 문제로 나눌 수도 없었다. 그 실뭉치는 사실 환경이 아닌 내 마음에 있었다는 것을 어렴풋이 깨달아갈 무렵, 좋은 대화가 찾아왔다. 해밀턴에서였다. 작은 주제로 시작했던 대화는 점점 그 몸집을 불렸고, 운이 좋게도 정확하게 실뭉치의 끝을 찾을 수 있었지. 깜깜한 밤, 쏟아질 것 같은 은하수 밑에서 나는 나를 전부 쏟아냈다. 그날은 밤을 새워 이야기했다. 다음 날의 일정 같은 것은 중요치 않았다. 그 밤 자체가 여행이었다. 오고 가는 대화 속에서 나는 꼭 이방인처럼 내 마음을 그렇게 여행했다.

쏟아낸 만큼 가벼워졌지. 내려놓은 만큼 가벼워지는 것은 당연한 일이니까.

그것은 물리적인 영역뿐만 아니라 심정의 영역에서도 상통하는 명제이다. 그 밤 이후로 나는 더 이상 절뚝이지 않았다. 아랑곳하지 않았다. 몸짓은 점점 더 커지고 이제 내가 하고 있는 것이 조금은 더 춤과 닮아 있었다. 목소리도 높아졌다. 행복에 겨워 자주 소리 질렀다. 댐이 무너지듯, 모든 것을 쏟아낸 그 가장 마지막에는 행복이 있었다. 판도라의 상자 속 희망처럼. 나는 내가 그렇게 멋진 춤을 출 수 있다는 것이 신기했다. 춤이 가져다준 것들도 대단했고, 그 모든 일들이 내게 생겼다는 것 자체가 벅찼다. 가장 즐거운 일은 하고 싶은 일들이 많이 생겼다는 것. 무기력의 늪에서 빠져나오니 하고 싶은 것들이 기하급수적으로 늘어갔다. 그리고 할 수 있는 것들은 당장 해나갔다. 우핸들의 익숙지 않은 자동차를 몰아보기, 쓰고 싶던 소설의 도입부를 적어보기, 큰 소리로 노래를 부르며 길을 걷기, 진짜로 춤을 추기도 했다.

"어떤 사건은 그것을 경험한 이상 이전으로 더 이상 돌아갈 수 없다."[1] 라는 문장이 생각났다. 그

---

1 무라카미 하루키 <직업으로서의 소설가>

리고 자신했다. 그 밤과 지금의 여행. 그것을 경험함으로써 나는 더 이상 이전의 나로 돌아갈 수 없을 것이라고. 그것이 무엇인지 알 수 없었지만, 마음속에 굉장한 무엇이 움트고 있었다. 명백했다.

명백한 참

　엉덩이가 깃털처럼 가벼워졌다. 앉아 있는 시간이 많지가 않다. 무언가에 오랜 시간 집중하기 어렵다. 책도 영화도 노래도 쉬운 것이 없다. 변덕을 부리며 이것저것 깔짝거리다가 결국 모든 의욕을 잃고 만다. 집으로 돌아오는 길, 머릿속의 생각을 열심히 굴려 주먹만 한 추를 만들었다. 그것을 깃털에 묶어 간신히 엉덩이를 붙였다. 묶인 모양새가 아슬해서 이 자세가 얼마나 유지될지 알 수는 없었다. 전처럼 글이 후루룩 쉽게 쓰이지는 않지만 베를 짜듯 천천히 적어본다. 한 코라도 놓치면 한동안 바늘을 잡지 않으려나. 망가진 바늘에 대한 두려움에도 주먹만 한 추를 달았다.

　이것도 저것도 아닐 때 나는 자주 넋을 놓고

무언가를 응시한다. 관찰도 아니고 분석도 아니다. 그저 응시한다. 보이는 것 중 가장 사소하고 볼품없는 것을 그렇게 보고만 있으면 꼭 잠수한 것 같은 느낌이 든다. 물속에서 귀도 눈도 코도 먹은 듯이. 후— 내쉴 때면 생기는 물방울처럼 정신까지도 알알이 부서져 멀리 흩어지는 것 같다. 요즘 나는 지상에서도 잠수가 가능하다.

그렇게 생각하니 땅에서의 생활이 바다 위에서의 생활과 별반 다를 게 없어 보인다. 나체로 물이 흐름에 모든 것을 맡겨버리는 표류, 배를 타고 물 위를 가로지르는 여행, 키를 잡고 바다에 도전하는 항해…. 바다를 대하는 그런 수많은 태도들을 생각했다. 자유, 야만, 안전, 풍요, 명예, 용기를 나열했다. 그리고 그것을 나열하는 나를 생각했다. 나는 어디 속해 있었는지 그리고 어디 속해 있는지. 질문이 많아 순서를 정하고 싶었다. 무엇을 우선으로 두어야 하는지. 그것마저도 답하기 어려워 비참한 마음이 들었다. 수많은 물음이 만들어 낸 늪. 그곳에 쌓인 크고 작은 갈고리가 온몸을 긁었다.

여러 물음표를 노트에 적어보고 괜한 변죽만

울리다 연필을 놓았다. 그냥 노트를 덮기는 아쉬워서 적혀 있던 지난 생각들을 읽어 보았다. 적는 것보다 그것을 읽는 것이 더 오래전의 일인 것 같았다. 한 장, 두 장 넘기며 읽었던 글들은 분명 일상의 권태를 느끼며 적었던 것이었지만 오늘은 그것이 약처럼 느껴졌다. 답은 없는 것일지도. 답이 없다는 사실 자체가 답일지도 모른다. 어떤 답도 참일 수 있는 유일한 명제가 인생이 아닐지 생각했다. 나는 나체로 물속에 뛰어들 수도, 키를 잡으며 바다를 탐험할 수도, 가끔은 곁에 있는 믿음직한 이에게 핸들을 넘기고 나른한 낮잠에 빠질 수도 있다. 나의 모든 시제의 주인은 나라는 사실만 명심한다면. 날카로운 꼬챙이를 가진 수많은 물음에 당장 답하지 않아도 괜찮다. 그것을 다른 이에게 넘기지만 않는다면. 가능하다. 내가 말하는 모든 것들로 내 인생은 참이 될 수 있다.

마음속으로 은근히 기쁘게

　기꺼이 맞이한 새해입니다. 새해라는 것은 어떤 것을 의미하고 있을까요? 흘러가는 시간을 1부터 12까지의 숫자로 구분 짓는 것은 자연의 영역이 아닌데 말이죠. 언제부터였는지, 어떤 기준으로 1이라는 숫자를 붙이게 된 건지. 왜 마지막 숫자는 12로 정해졌는지. 달마다 다른 무게로 책정된 이유는 또 무엇인지. 나란히 붙어있는 7월과 8월은 왜 동일한 무게인지. 곰곰이 생각했지만, 답은 찾을 수가 없었어요. 의문을 가진 그 밤이 지나가는 사이, 어떤 시간은 끝이 나고 어떤 시간은 시작된다는 것이 당신은 정말 믿어지나요? 다는 도무지 알 수 없고 그 의문 앞에서 발을 동동 구르며 망설이고, 망설이다가…. 결국 물음표에 발이 걸려 새해라는 선을 넘은 겁니다. 자의일까요? 타의일까요? 그것마저 아리송

한. 시간을 넘는다는 것은 어쩌면 그런 일일 수도 있겠네요. 아리송한 일.

지난해는 그런 해였어요. 눈만 감았다 뜨면 사람도 표정도 목소리도 심지어 감정마저도 어떤 것은 끝이 나고 다시 또 어떤 것은 시작돼 버리는. 어색한 하루 사이에서 저는 자주 버둥거렸죠. 잘 알고 있다고 생각했던 것들에 대해 뒤통수를 세게 얻어맞거나, 잘 모른다고 생각했던 것들에 대해서는 사실 감각의 영역에서 더 정확하게 파악하고 있었어요. 그런 경험들로 나는 많은 것들을 얻을 수 있었고요. 얻었다기보다는 겪은 것이 많은 해였다고 해도 무방할 겁니다. 그래서일까요? 그러고 싶지 않았어요. 12라는 숫자가 다가올수록 그런 것들을 차곡차곡 정리해야 할 것 같았지만, 나는 그러고 싶지 않았어요. 오히려 더 오랜 시간 내 안에 머물기를, 정리되지 않은 채로 충분히 흐르기를, 살아 있기를, 요동치기를 나는 내심 바라고 있었어요. 우리가 겪은 12의 숫자가 점점 더 무거워지면서 나는 되려 나를 정리하기보다 나를 파헤치고 있었습니다. 상자를 꺼내 편지를 다시 읽고, 오랜 사진을 찬찬히 살펴보며 과거와 현재의 경계를 허물고자 노력도 해보았습니다. 정리되길 원치 않지만 한 해의 끝을 알리는 종소리와 함께 정리되어 버리는 시간들…. 글쎄 잘은 모르겠지만 그런 것을 정리라고 할 수 있을까요? 마구잡이로 물건을 집어넣은 옷장처럼, 이런 식으로 해야 하는 정리라면 언젠가 그 문이 열리고 지난 시간이 한꺼번에 쏟아지는 일은 필연적이지 않을까요?

인정하고 싶지 않지만 그게 자의든 타의든 넘어온 새해입니다. 이 시작 앞에서 나를 토닥이는 건 역시나 익숙한 것이에요. 본래 연속된 것을 고의로 잘라낸 것이니, 이쪽과 저쪽 사이에 교집합이 생기는 건 당연한 일이고요. 나는 오늘 그 과거와 미래 모두에게 위로를 받고 있습니다. 발악해도 공평히 지나가는 도리 없는 시간 앞에서 익숙한 것들을 매만지고 있어요. 연속되는 것. 여전한 것. 꾸준히 나를 괴롭히던 고민과 낡은 습관 같은 것들을요. 엉망진창의 모습으로 눈앞에 놓인 그것들을 나는 새 책장에 다시 꽂습니다. 그리고 맞이할 새로운 것. 낯선 만남이나 어색한 통찰, 몰랐던 감각들을 위한 자리도 마련해 두면서. 언젠가 다시 낡은 것이 되어 있을 이 책장 앞에 설 때면 무엇이 넘어온 것인지, 무엇이 새로운 것인지 다시 또 알 수 없겠지만. 분명한 건 폭도 깊이도 점점 더 커져 있을 새로운 책장. 그 책장의 모습을 상상하며 인사합니다. 마음속으로 은근히 기쁘게, 낯선 1을 맞이합니다. 잘 부탁합니다.

새 눈

삶에는 다양한 에너지가 있다. 어떤 음식이냐에 따라 그 안에 담겨있는 영양분이 다른 것처럼 경험에도 제각기 다른 에너지가 있다. 어떤 경험에 어떤 양분이 담겨 있는지는 겪어보아야 알 수 있다. 살아온 맥락과 그것을 대하는 오늘의 태도는 때마다 다른 에너지를 만들어낸다. 그래서 알 수 없다. 어떤 시간이 무슨 힘을 만들어 내는지. 오늘의 산책은 어떤 과거의 축적으로 만들어진 건지. 그런 생각을 하며 집을 나선다.

얇은 겉옷 하나만 챙긴 것이 기뻤다. 마른 가지 위에 움트는 새순처럼 내 몸도 간지러웠다. 계절은 순순히 지나가는 것이 아니므로, 시간이 해내는 것들은 생각보다 쉬운 일이 아니므로, 오늘은 오늘로써 더 가치 있었다. 어울리는 노래를 찾아 꽤 오랜 시간 보관함을 헤맸다. 걸음은 가벼운데, 보관함에 든 음악들은 오늘의 톤보다 더 낮거나 높은 것들뿐이었다. 그래도 꾸준히, 오늘의 기억을 담을 노래를 찾았다. 살짝 조급한 마음으로 걸음을 옮겼다. 입안의 초콜릿이 다 녹아 없어지기 전에, 빨리 찾아야 했다. 이를 앙다물 순간을. 아몬드가 깨어질 순간을.

익숙함은 무섭다. 생각을 놓치는 순간 익숙함은 나를 덮친다. 눈에 익은 신호등과 횡단보도, 익숙한 나무와 페트병. 나는 그렇게 자주 걷던 거리를 걷고 있다. 마지막으로 이 나무를 보았을 때는 분홍 꽃잎이 마구 떨어지고 있었는데…. 그런 생각은 어제 맞은 봄비의 기억과 함께 나를 찾아왔다. 깨끗하게 씻긴 풍경들. 차갑고 건조한 것들은 사라지고 훈훈한 빛과 함께 돌아온 물기 있는 것들. 나는 그런 것들을 통과하며 새롭다는 형용사를 생각했다. 새로운 것. 새잎, 새 나무, 새 모자, 새사람…. 그렇게 이것저것 앞에 새로움을 붙여보다가 눈이라는 단어 앞에 그것을 조심스럽게 가져다 놓았다.

새 눈. 환하게 다시 보이는 것들. 부쩍 가까워진 이 얇은 계절은 내게 그런 것이다. '다시'라는 기회이다. 그로 인해 '한 번 더' 다짐하는 용기이다. 그 옆의 기대이고 다르게 말해 희망이다. 그래서 조금 더 씩씩하게 걸었다. 의식하며 두 손을 앞뒤로 번갈아 흔들었다. 볼륨을 올렸다. 눅눅한 마음 한 조각을 살포시 꺼냈다. 괜찮다. 괜찮다? 물음표는 지우고 다시. 괜찮다. 괜찮다. 다문 입술이 오늘의 이야기를 만든다. 이야기를 하고 있는 지금도 이야기는 생겨난다. 내가 아닌, 시간이 대신해주는 일. 오늘의 맥락이 내일의 또 다른 에너지를 만든다. 다시. 새 눈으로. 한 번 더 태어난다. 그렇게 믿는다.

봄을 그리다

　　파란 하늘을 좋아합니다. 작고 두꺼운 구름을 보면 행복해져요. 햇빛 아래에 서 있을 때는 예상치 못한 계획을 자주 세우고, 서늘한 바람을 맞을 때 나는 살아있다는 느낌을 받습니다. 구름이 수놓은 파란 하늘 아래, 바람과 나뭇잎, 그 사이로 일렁이는 햇살을 볼 때면 그곳이 어디든 나는 여행을 온 것 같은 착각에 자주 빠지곤 합니다. 다가오는 봄에는 이런 보물 같은 날들이 잦아지겠죠. 마음이 건강한 사람은 계절의 변화를 잘 알아챈다는 누군가의 이야기를 듣곤 이번에 다가올 계절의 변화는 몸보다 마음이 한발 앞서 느끼길 바라고 있어요. 아 봄이구나, 느끼는 순간 조금 더 건강해진 나를 발견할 수 있게. 그런 의미에서 나는 자주 나의 봄을 상상합니다.

날이 조금 따뜻해졌다 싶으면 옷장을 정리할 거예요. 자주 입던 외투와 작별을 마친 옷장은 아마 지난 계절보다 더 날씬해진 모습과 밝은 빛을 띠고 있을 것 같아요. 한적한 날 가벼운 옷을 걸치고 예정에 없던 산책을 나서요. 남들은 모르는 이유로 나의 입가에는 미소가 떠나질 않겠죠. 좋아하는 노래를 재생하고 헤드폰이 아닌 이어폰을 꺼내요. 이어폰 안과 밖의 소리가 만나 나만 아는 근사한 음악이 들릴 때면 부끄럽지만 나의 발걸음은 박자에 맞춰 조금은 빨라져 있겠죠. 그렇게 길 건너 편의점에 들러 물과 아몬드 초콜릿을 들고 나올 거예요. 열심히 걸어 도착한 공원에는 많지도, 적지도 않은 사람이 저마다의 모습으로 이 계절을 즐기고 있어요. 나무 그늘 밑 벤치에 앉아 노래는 잠시 꺼두고 조용히 봄을 들어요. 바람이 타고 온 소리를 듣다가 마음에 드는 이야기가 찾아오면 녹음기를 켜곤 숨죽일 거예요. 그렇게 담아둔 소리는 One spring day, 라는 제목이 달려 나의 메모장에 저장되겠죠.

	다시 길을 걸어요. 두 갈래로 나누어진 갈림길 앞에선 망설임 없이 오솔길로 향해요. 고개를 들어 하늘을 보고, 그 아래 움직이는 구름의 그림자를 보면 그곳이 어디든 나의 여행은 시작된 것이 분명하겠죠. 조금 심심해진다 싶으면 걸음에 이름을 붙일 거예요. 한 발자국 앞으로 나설 때마다 생각나는 이름을 불러보기로 하지요. 그렇게 나는 불렀던 이름을 다시 부르고 또 부르고. 쓸쓸하지 않은 혼잣말이 신기해서 자꾸만 또 그 이름을 찾고 말아요. 반듯한 잔디밭에 도착하면 빛이 가장 잘 드는 곳을 찾을 거예요. 시원한 물을 몇 모금 삼키고 지나가는 사람들을 구경하겠죠. 저무는 해에 날이 쌀쌀해진다 싶으면 준비해 둔 겉옷을 챙겨 입고 지금과 가장 잘 어울리는 노래를 찾을 거예요. 마음에 드는 노래를 반복해서 재생해요. 그리고 그리운 그 얼굴을 그립니다. 몇 번을 불렀던 이름의 주인을. 병에 맺힌 이슬을 물감 삼아 그 얼굴을 그릴 거예요.

물로 그린 그림이 사라질 때까지만 누워있기로 했어요. 짓이겨진 풀잎 향이 내 주위에 퍼지면 나는 또 이 봄을, 나의 봄을 실감하겠죠. 들고 온 초콜릿도 잊지 않고 입안에 넣어요. 그러고는 혼자서 약속했지요. 가장 예쁜 순간에, 가장 마음에 드는 순간에 입안에 있는 아몬드를 깨물자고. 해는 저물고 노래는 바뀌었지만, 떠오르는 얼굴은 여전해요. 물로 그린 그림이 점차 번져가듯이 보고 싶은 얼굴에서 빛나던 시절로, 생각은 그렇게 번져갈 거예요. 함께했던 아침 산책, 따뜻한 손, 둘만 있던 버스는 지나가고 어떤 눈동자가 찾아왔을 때 나는 그만 참지 못하고 와그작, 입안의 아몬드를 깨물 수밖에 없겠죠. 그렇게 정신을 차리면 하늘은 어두워져 있고, 구름 대신 펼쳐지는 몇 개의 반짝임…. 그 별을 모아 완성한 그림은 아마 오늘 만난 눈동자와 닮아있겠죠.

    기대했던 봄날의 하루가 기뻐 눈물이 글썽거릴 때쯤 엉덩이를 툭툭 털고 일어나 남은 초콜릿의 개수를 세어 볼 거예요. 남은 초콜릿과 남은 봄. 적어도 이만큼 나는 오늘처럼 행복할 수 있겠다고 생각하며 집으로 향합니다. 돌아가는 길에는 발신 통화 목록 중 제일 위에 있는 누군가에게 전화를 걸지도 모르겠어요. 너는 오늘 어떻게 보냈니? 그렇게 시작한 대화 속에서 우리는 서로의 봄을 열심히 나누죠. 더 이상 집은 쓸쓸하지 않고 나는 더 건강한 내일을 꿈꿀 수 있겠죠.

샤워부스

 욕실은 이상한 공간이다. 엉덩이에 모든 기운을 모아 간신히 앉아 있던 의자에서는 잔뜩 엉켜 해낼 수 없던 고민들이 샤워기만 틀었다 하면 스르륵 녹아 사라진다. 벗은 몸에 물을 한 번 끼얹고 숨을 내쉴 때면, 비워진 날숨 하나만큼의 공간에 기가 막힌 생각이 차오른다. 그런 생각은 혈관을 타고 반짝거리며 온몸을 휘젓는다. 동시에 별처럼, 정말 별처럼 다섯 개의 꼭짓점으로 온몸을 간지럽힌다. 그래서 오늘의 샤워부스에서 어떤 생각을 했냐 하면…. 밥알 같은 말!
 그것을 떠올렸다. 익숙하다는 이유로 식상하다는 평가를 받는 그런 말들이 샤워기에서 쏟아졌다. 물방울은 몸을 적시고 밥알 같은 말은 마음을 적시고.

그렇게 타고났나 보다. 나는 요리할 때도 그렇지만 글을 쓸 때도 간이 센 편이다. 모든 것이 메인 요리인 식탁처럼 부담스러운 밥상 같은 글. 너무 짜고 너무 달고 너무 매워서 무슨 맛인지 모르는 음식처럼 내 글도 마찬가지다. 힘을 뺄 수가 없다. 그런 자극적인 문장들이 한 군데 모여 있으면 무엇에 집중해야 할지 알 수가 없다. 이걸 뺄까 저걸 뺄까…. 지워낼 문장들을 고르려고 하면 그것들은 또 그것 나름대로 필요해 보여서 결국 그대로 둔다.

뻔한 말. 너무 자주 들어서 의미는 사라지고 형태만 남은 그런 말들. 그러나 그 형태로만 표현할 수 있는 필수적인 말들. 나는 그런 밥알 같은 말을 하고 싶었다. 입안에 한 톨의 쌀알을 넣고 지겹게 씹다 보면 나오는 그 달콤함. 어떤 것으로도 낼 수 없는 그런 맛. 나도 그런 게 하고 싶었다. 아름다움은 미뤄두고 담백하고 솔직한 말. 문장의 점성이 양옆의 문장을 꼭 잡고 놓질 않는, 그런 찰진 글을 쓰고 싶다는 욕심이 생겼다.

몸에 묻은 거품을 닦아낼 때쯤, 욕심은 기도의 형태로 모습을 바꿨다. 어제의 한심함과 오늘의 뿌

듯함이, 어제의 행복과 오늘의 피곤함이 어떤 농부의 땀과 같기를. 그렇게 쏟아낸 매일의 경험들이 나의 단어에 흠뻑 가닿기를. 노트 위 정갈하게 차려둔 나의 기억과 니은, 아와 오를 오래도록 음미해 줄 누군가를 찾는 상상으로 오늘의 샤워는 끝이 났다.

이것 봐, 진짜다.

책상 위에서는 너무 광활해 보이던 종이 한 장이 샤워부스에서는 너무 비좁다.

욕실은 참 이상한 공간이 맞다.

몽상에 잠기는 일

나는 나를 위한 서비스가 확실한 편이다. 자신의 기분을 모르면 몰랐지, 알고 나서는 가만히 있지를 못한다. 좋지 못한 컨디션이 계속될 때면 텐션을 올리기 위해 나를 위한 몇 가지 서비스를 진행하는데, 나는 그것을 으레 '기분 챙기기'라고 부른다. 거창한 이름을 붙인 지는 얼마 되지 않았지만, 실천으로 옮긴 지는 꽤 오래전이다. 말보다 행동이 앞섰던 몇 안 되는 귀한 경험 중 하나이다. 하루에 한 장 구름을 담은 사진 찍기, 플레이리스트 만들기, 정말 슬픈 소설 찾아 읽기 (슬픔의 원인을 밖으로 돌리기에 탁월한 방법이다!) 친구 찾기 등이 있다. 하지만 그마저도 효과가 없을 때가 있는데 그럴 때는 정말이지 나답지 못하게 어두워지고는 한다.

나답지 못한 모습은 나를 가장 힘들게 한다.

나다운 게 무엇인지 잘 정리되지 않지만 나답지 못한 순간은 본능적으로 알 수 있다. 독립을 하고 가장 애썼던 점이 바로 이 점이다. 아는 사람 하나 없는 타지에서 일을 시작하는 바람에 애매하게 좋지 못한 기분이 계속해서 이어지던 때가 나에게 있었다. 이런 어중간한 정도는 대개 사람을 지겹게 한다. 언제 밥 한번 먹자는 약속, 해가 들지도 비가 오지도 않는 침침한 하늘, 높은 습도나 이해 없는 맞장구, 기분과 맞지 않은 음악 같은 것들이 내 주변을 돌아다니며 웅웅거렸다. 괴로웠다. 이런 좋지 못한 기분과 따분한 하루들은 나답지 못한 모습들을 꾸준히 만들어 냈다. 한 발짝 헛디디면 바로 잘못되어 버릴 것 같은 불안함. 알고 있는 우울과 무기력 속으로 추락하기 바로 직전의 마음으로 하루를 보냈다. 살금살금. 그 바닥에 살고 있는 불쾌한 것이 깨어나지 않게 조심히. 그렇게 웅덩이에서 나올 때까지 숨죽여 지냈다. 살금살금.

시간이 흐르고 적응 비슷한 것들을 하면서 애매한 것들을 내 나름대로 셈할 방법도 터득할 수 있었다. 더하고 빼며 적당한 거리를 찾으며 차츰 이곳에서의 생활도 안정이랄 것이 보인다. 그래서 요즘은 처방보다는 예방에 힘을 쓴다. 자주 내 기분을 들여다본다. 별일이 없어도 종종 마음의 문을 열어 환기를 하기도 한다. 책을 읽으며 좋은 글귀에 밑줄 긋기, 모아둔 글들을 읽어보며 메모장에 적어두기, 색다른 주제에 대한 내 생각을 정리해 본다거나, 가까운 거리는 걸어 다니고 익숙해진 동네에서 익숙하지 않은 대상을 찾아 헤매기. 그리고 그 모든 것들을 기록하는 시간들. 그런 것들을 잊지 않고 매일 해낸다. 반짝이는 작은 것들이 많아진다. 작은 것들이 더 작아지고 더 고와져서 더 반짝인다. 부는 바람이 정말 간지러운 듯 보이는 강아지의 표정, 책상 뒤로 물든 태양의 무늬, 이어폰을 뚫고 들어오는 어린 목소리…. 그런 것들에 감사함을 느낀다. 이런 시간의 파편들로 하루를 채우는 요즘. 살다 보면 그보다 좋은 것을 알게 될지도 모르지만, 더 좋은 것 따위는 되도록 오랫동안 모른 채 살고 싶다.

시대착오적인 사랑

 오늘은 목욕탕에 갔어. 나와서 살게 된 지 1년 반 만에 처음으로 이곳의 목욕탕을 가게 됐네. 목욕을 하러 집 밖으로 나선다는 게 왠지 조금 새로웠어. 비로소 진짜 이곳의 주민이 된 것 같은 기분이 들었지. 목욕탕은 생각보다 더 낙후된 곳이었어. 아직도 이런 목욕탕이 있구나 싶은 생각이 들 정도로. 냉탕, 온탕, 열탕 그리고 이벤트탕까지. 몇 가지의 탕을 오가면서 혼자서 자주 키득댔는데, 그 이유는 어릴 적 자주 찾던 목욕탕이 생각나서야.

 나 목욕탕 이름도 기억이 나. 그린 사우나. 건물 전체가 녹색이라 그랬던 걸까? 엄마 손을 잡고 자주 그린 빌딩의 제일 꼭대기 층에 올라갔지. 그리 좋아하던 공간은 아니었어. 목욕탕 안으로 들어서면 희뿌연 수증기에 숨이 턱 막혔거든. 까끌까끌한 때수건으로 몸을 비비는 것도, 열 개의 손으로 가슴을 꾹 누르고 있는 듯한 열탕에서 견뎌야 하는 것도 내게는 전부 고역이었어. 그래도 매번 엄마를 따라나섰던 건 냉탕 때문이었을 거야. 바가지 두 개를 마주 보게 겹쳐두고 헤엄을 친다던가, 떨어지는 물줄기에 어깨를 가져다 대며 어른 흉내를 내던가, 깨벗고 만난 친구와 하는 수영 대결 같은 것들…. 충분히 즐거운 것들. 냉탕 옆에 그려진 벽화를 보면서 그때 그 시절이 생각나더라고. 폭포 그림이나 시원한 계곡의 그림 같은 것들. 냉탕에 으레 있곤 하잖아. 의식하지 못했지만 언젠가부터 나도 냉탕보다는 온탕을, 물장구보다는 눈을 감고 가만히 앉아 있는 것을 즐기게 되었구나, 하는 생각이 들었어. 모두가 다른 세월을 겪으며 나이를 먹으며 확실해지지. 하지만 각자가 겪어온 세월과는 상관없이 시간이 선물하는 보편성이 있다는 것이 새삼 신기했어. 온도, 입맛, 장소나 취미까지도.

 있지, 나는 이런 시대착오적인 순간들을 사랑하는 것 같아. 편하고 빨라진 이 시대도 참 근사하지만 조금 더 불편하고 느린 그러나 손때가 묻은 그런 순간들. 그것을 맞이하고 있자면 나는 참을 수 없는 행복함을 느껴. 이를테면 LP를 이야기할 수 있겠다. 정확히는 중고 LP를 구매하는 일. 나에게는 그 낡은 LP들을 헤치고 찾아낸 아끼는 몇 개의 중고 LP가 있지. 그중 대부분은 동묘의 한 가게에서 살 수 있었어. 사랑하는 공간. 두 명이서 통과하기도 힘들어 보이는 좁고 긴 통로와 그 양쪽으로 끝도 없이 꽂혀 있는 수많은 LP들. 그 커다란 벽 앞에서 생각해 둔 음반을 한참 찾았지만 보이지 않았지. 잘 정리된 도서관 같은 곳이 아니라서 어떤 규칙으로 음반들이 정리되어 있는 건지 내가 직접 찾아야만 했어. 결국 음반도 규칙도, 아무것도 찾지 못한 채 주인아저씨께 여쭤보았지. 잘 모르는 누군가에게 나의 취향을 소개하는 일이 조금은 부끄러워서 조심스러운 목소리로 도움을 요청했어. Stevie Wonder, Bill Evans, Sarah Vaughan, Oscar Peterson…. 아저씨는 슥 한 번 보시더니 금방 몇 장의 LP를 가져다주셨지. 해가 저무는 시간, 기다란 벽장 사이로 빛은 나른하게 번지고 좋아하는 음반 몇 장을 턴테이블에 올려두었어. 지직….

꼭 음악이 숨 쉬는 것 같은 그 소리를 듣고 있을 때, 나는 어떤 표정이었니?

손때 묻은 순간. 검색 몇 번이면 원하는 음악을, 혹은 그것보다 더 적절한 음악을 들을 수 있는 세상이 왔지만 그럼에도 불구하고 그 불편하고 번거로운 먼지 쌓인 것들을 여전히 다듬어가는 와비사비. 훌륭한 상태에 대한 열등한 상태. 불완전함의 미학. 어떤 대상에 대한 진정성을 느낀다는 것은 그 대상이 내가 아닐지라도 충분히 감동적인 일이지. 나는 그래서 사랑해. 낡은 생각이나 감성일지도 모르지만, 반짝거리는 새것을 목전에 두고도 허름한 것을 택하는 그 마음이 좋아. 시대와 시대 사이에서 미끄러져 내린 그것들을 감싸안는 모습을 보고 있으면 나조차도 그것들을 따뜻한 눈으로 보고 있게 돼.

우리 다시 생각해 보자. 어쩌면 우리 모두가 그런 사랑을 하고 있지는 않을까? 낡은 애착 인형을 버리지 못하는 마음, 엄마가 해준 설탕 뿌린 토

마토가 생각나는 날, 빛이 잔뜩 들어오는 필름, 기억에 남는 동화책 한 권이나 무의식적으로 흥얼거리는 옛날 노래 같은 것들…. 생각만으로도 포근해지는 그것들을 나는 사랑하지 않는다고 이야기할 수 있을까? 시간이 흐르면 지금과 나중 사이에도 어떤 것들은 미끄러지고 말겠지. 그 사이에서 나는 그리고 너는 어떤 것을 아끼게 될지 궁금하지 않아? 그런 질문들 끝에서 이런 다짐을 했어. 세상에 상처받고 낙담하는 날이 오더라도 내가 선택한 것들을 매만지고 다듬자고. 그 정도의 기운은 지켜내자고. 이렇게 나는 오늘 또 내가 가진 사랑의 다른 면을 발견했어. 뿌듯한 일이지?

브로콜리 너마저

 즐거운 시간을 보내고 집으로 돌아오던 길. 술이 약속된 만남이라 차를 놓고 간 탓에 오랜만에 광역버스를 찾았다. 결과적으로는 옳은 선택이었다. 봄에 대해 적어보았던 지난날의 글을 생각했다. 어두컴컴한 방 안에 누워있었다. 작은 창 하나를 열어두고 생각했다. 봄은 참 멋진 것 같다고. 이 사람 저 사람, 모두가 모인 시끌벅적한 자리에 의도적으로 늦게, 아주 멋진 옷을 입고 등장한 누군가처럼. 알고 싶지 않아도 알아차릴 수밖에 없는 등장. 봄은 그렇게 온다. 몸을 일으켜 노트북 앞에 앉아 지금의 기분과 어울리는 노래를 공들여 찾았다. 눈을 감고 상상했다. 덜어낸 외투만큼 가벼워진 발걸음으로 걷는 봄의 어떤 날을. 목적 없이 걷던 골목을. 날씨만큼 따뜻했던 초콜릿 한 조각을. 누구나 알 법한 3월의 달콤쌉쌀한 어떤 산책을. 눈을 감고 겪어보지 않았지만, 겪을 수 있었던 어떤 봄날을 다시 그렸었다.

    부드러운 바람이었지만 얇은 옷가지에 몸을 잠시 웅크렸다. 버스는 이제 겨우 충정로를 지나고 있었고 누군가의 목소리가 그리워지기도 했다. 그것에 깊이 빠지기 직전, 알림 하나가 울렸다. <브로콜리 너마저, 같이 불러봐요> 재미있는 방 하나가 만들어졌다는 사실을 알았고, 나는 일상을 목소리로 공유하는 그곳에 입장했다. 마이크만 켜면 참여할 수 있는 모두를 위한 브로콜리 노래방. 그곳에는 이미 여러 사람이 모여 음정, 박자, 가사까지 하나도 맞는 게 없는 노래를 함께 부르고 있었다. 나도 모르게 입꼬리가 올라갔다. 익숙하지만 익숙하지 않은 노래들. 부를 수 있었다면 좋았을 텐데, 아쉬운 마음에 조금 머물다 방을 나왔다. 그리고 당연한 듯이 브로콜리 너마저를 검색했다. 들썩이는 발과 함께 할 노래 몇 곡을 들으니 버스는 금세 내 앞에 있었다.

    재미있었다. 혼자 있는 시간이 이렇게 충만하게 즐거웠던 적이 언제였었는지 돌이켜봤다. 잘 생각나지 않았다. 퇴근길 꽉 막힌 도로로 버스는 쉽게 속도를 낼 수 없었다. 달짝지근한 멜로디를 들으며 그렇게 창밖을 한참 바라보았다. 그리곤 찾아왔다. 숨죽여 기다리던 기억이 내게 왔다. 번뜩 떠오른 그것은 아까 들은 노래처럼 나를 또 한 번 간지럽혔다. 없던 추억도 만들어주는 이 노래들을 들으며 떠올린 시간은 그리 먼 과거가 아니었다. 끌려오듯 시작한 타지 생활 속에서 마주한 모습들이었다. 손을 마주 잡고 걷던 어두컴컴한 골목길, 또각거리는 구두를 신고 비틀거리며 향한 합정역, 처음으로 만춰라는 게 무엇인지 깨달았던 녹사평의 한 언덕, 투닥거리며 달리던 1500번 버스의 한구석, 어딘가 아쉬웠던 춤과 씰룩대는 엉덩이…. 그런 기억들이 달리는 버스 밑에 고스란히 놓여 있었다. 막힌 도로는 더 이상 문제가 아니었다. 말랑함이 가득 차 있는 채로 나는 간절히 바랐다. 도로 위의 반짝이는 이 모든 것들을 몽땅 집으로 끌고 가고 싶다고. 침대 위에서 생각하는 덕수궁의 은행나무, 좋아하는 의자에 앉아 나눠 먹는 잠봉 뵈르, 러그 위에 누워야만 보이는 천장의 야광별까지. 현재와 과거를 뒤섞여 만들어진 나의 작은 집.

막무가내로 쏟아지든 칼바람에 꽁꽁 얼어있든 가슴 한쪽이 오늘 이 은근한 봄에 조금씩 녹기 시작했고, 나는 결국 이런 글을 적는다. 촌스럽고 서툴렀던 실패 가득한 나의 지난 시간을 토해내듯, 일상의 낭만을 찾아 함부로 헤매던 또 다른 지난 시간을 위로하듯 그렇게 글을 적는다. 재생하고 있는 플레이리스트는 끝이 보이고 나는 막연하게, 아주 막연하게 넘겨짚는다. 훗날의 브로콜리 너머저에는 오늘의 내가 있을 거라고.

침대맡에 놓인 문장들

어쩌면 일기장을 놓아야 할 곳은 책상 위가 아니라 침대 옆이 더 적절할지도 모르겠다. 의자에 앉아 무언가를 써보겠다는 다짐은 기껏해야 두 문장을 넘기지 못한다. 노트 위에 적힌 쓸쓸한 글자는 심지어 남기고자 했던 것도 아니다. 그것에 닿기 위한 어떤 맥락에 가까운 문장. 남기고자 했던 것에 도달하지 못한다면 쓸모를 잃는 문장. 하여 자주 쓰고 지웠다. 나를 통과한 많은 이야기가 이런 식으로 잠깐 반짝이다 사라졌다. 이를테면 곤돌라 위에서 생각한 하얀 스웨터라던가 돌에 관한 생각, 동물의 뼈와 나약한 빛, 혀와 사과 같은 것들….

오늘은 봄이 내게 성큼 다가온 날이었고, 그래서 걷기 좋은 날이었다. 투표를 하러 집 밖으로 나서는 순간 나를 맞이했던 바람은 자꾸 걸어야 할 이유를 찾게 만들었다. 목적지가 없어도 꾸준히 걷고 싶은 그런 동네를 상상했다. 결과가 아닌 맥락이 중요한 것은 무엇이 있을까 생각했다. 좀처럼 잘 떠오르지 않았지만, 개중 가까운 것이 있다면 음악이 아닐까 생각했다. 저녁에는 기타 레슨이 있었다. 마치고 돌아오는 길에는 차창을 열었다. 여전히 바람을 차지 않았고, 이제 자주 창문을 열 수 있겠네, 더 자주 웃을 수도 있겠네, 생각했다. 목소리가 듣고 싶은 날씨였다.

진한 녹음과 따가운 햇빛. 그런 것들은 정말 오래전 일 같았고 여름은 오지 않을 것만 같았는데… 겪어본 적 없던 시간을 그리워하는 마음으로 침대 밑 러그에 앉았다. 그리곤 기타를 들었다. 가만히 그것에 손을 올린 채, 한 개의 줄만을 오래도록 눌렀다. 그 소리는 잠들기 전 가까운 곳에서 흐르는 물소리 같았고, 머뭇거리는 말과 말 사이 같았고, 벗겨진 과일을 껍질 같았고, 지난 시간과 지금 사이의 간격 같았다. 기타를 내려놓고 마침내 침대맡에서 적은 문장은 이렇다.

시간이 밟고 지나간 것과 그 와중에도 남아있는 것. 납작하지만 결코 사라지지 않는 것. 시선이 향하는 곳은….

결국은 닿지 못했지만, 오늘 적은 문장은 그대로 두기로 했다. 쓸모없지 않다. 목적지가 없어도 괜찮은 것이 오늘 여기에도 있었다.

Epilogue

　세상이 잠길 듯이 비가 내리던 날. 모자를 골라 쓰고 가진 옷 중에 방수가 될 만한 옷을 찾던 우리가 지금 생각해보면 많이 우스워. 홀딱 다 젖은 채로 거리를 누비던 날, 나는 잊기 전에 어서 그 날의 모든 것을 묘사하고 싶었지만

　글은 그런게 아니니까···. 몇 번의 시도가 있었지. 하지만 결국은 문장을 완성할 수 없었어. 그 날의 비를, 젖은 속옷을, 다 타버린 깔창을 어떤 단어로도 정확하게 설명할 수 없었고 활짝 웃은 채로 쏟아지는 빗방울 사이로 걸어가던 나를, 세상에서 제일 용감하게 웅덩이를 밟던 너를, 떨어진 낙엽을 던지던 우리의 늦가을 놀이를 나는 글로는 표현할 수가 없었어.

봄에 대해 설명하고 싶다면 봄에 무엇을 했는지에 대해 적어보라던 어느 작가의 조언처럼 그 날 우리가 해낸 일들을 빠짐없이 기록했을 때 최종의 최종의 최종의 마침표가 그리고 있는 것은 무엇일지 궁금하기도 하지만, 굳이 정확한 묘사가 아니더라도 우리는 알 수 있잖아. 범람한 거리를 어떤 걱정도 없이 함께 걸었으니까. 그 시간이 여전히 우리 안에 살아 흐르고 있으니까. 떨어지는 빗방울만큼 많은 질문들을 주고 받았던 그 이후의 밤도 그렇게 설명할 수 있을 거야. 그 어떤 말로도 설명할 수 없어. 그저 우리 안에 있는 기억만이 옳은 답을 이야기할 수 있을 거야.

송동주

1995년 경기도 부천시에서 태어났다.
도 단위의 잦은 이사와 함께 지금은 서울 마포구에 살고 있다. 사랑하는 사람에게 더 아름다운 편지를 적어주고 싶어 글을 쓰게 되었다. 답해야 할 것이 있는 두 번째 편지보다 무엇이든 말할 수 있는 첫 번째 편지를 좋아한다. 편지를 쓰기 시작한 뒤에 수신인을 찾기도 한다. 그것은 종종 나 자신일 때도 있다. 누군가에게 말을 걸고 싶을 때, 입을 떼는 대신 연필을 쥔다. 관심 분야는 음악과 그리움이다.

@a.phorism

어떤 표정은 다시 지을 수 없습니다

copyright©송동주 2024

초판 1쇄 인쇄 2024년 10월 08일

지은이 송동주
편집 이아로

펴낸곳 주제
전자우편 morethanthatmotif@naver.com
인스타그램 @morethanthatmotif

ISBN 979-11-986754-3-9

○ 이책의 판권은 지은이와 출판사 주제에 있습니다.
○ 이 책 내용의 전부 또는 일부를 재사용하려면 반드시 양측의 서면 동의를 받아야합니다.

주제